esperanza de todos

UN DEVOCIONAL DE ADVIENTO

Derechos de autor © 2025 Casa Nazarena de Publicaciones
Casa Nazarena de Publicaciones
PO Box 419527
Kansas City, MO 64141
casanazarena.com

ISBN 978-1-5634-4997-0

Casa Nazarena de Publicaciones es una marca de The Foundry Publishing:
The Foundry Publishing
PO Box 419527
Kansas City, MO 64141
thefoundrypublishing.com

Derechos de autor de la edición en inglés © 2025 The Foundry Publishing

Diseño de portada e interior: Caines Design

Todas las citas de las Escrituras, a menos que se indique lo contrario, son de la Nueva Versión Internacional® (NVI®). Derechos de autor © Sociedad Bíblica Internacional® (SBI®). Usado con permiso. Todos los derechos reservados en todo el mundo.

Las citas bíblicas marcadas (RVR) son de la versión Reina-Valera © 1960 Sociedades Bíblicas en América Latina; © renovado 1988 Sociedades Bíblicas Unidas. Utilizado con permiso.

Las direcciones de Internet, las direcciones de correo electrónico y los números de teléfono que aparecen en este libro son correctos en el momento de su publicación. Se facilitan como recurso. The Foundry Publishing no las avala ni responde por su contenido o permanencia.

Contenido

INTRODUCCIÓN - 4

PRIMER DOMINGO DE ADVIENTO: ESPERANZA - 6

SEGUNDO DOMINGO DE ADVIENTO: PAZ - 34

TERCER DOMINGO DE ADVIENTO: GOZO - 62

CUARTO DOMINGO DE ADVIENTO: AMOR - 90

Introducción

El Adviento es uno de los grandes tiempos del calendario cristiano. Es una época en la que podemos contemplar el quebrantamiento y la caída del mundo que nos rodea y, sin embargo, testificar con valentía y confianza: «Esta luz resplandece en la oscuridad y la oscuridad no ha podido apagarla» (Juan 1:5). Mientras nos preparamos para celebrar el primer Adviento, la primera venida de Cristo a este mundo, esperamos también su segundo y último Adviento, cuando vendrá en gloria para hacer que todas las cosas vuelvan a ser buenas y muy buenas.

Durante las próximas semanas, recorreremos juntos los cuatro grandes temas del Adviento: la esperanza, la paz, el gozo y el amor. El Adviento comienza el cuarto domingo antes de Navidad. Este año, es el 30 de noviembre. Mientras reflexionamos y meditamos sobre estos temas del Adviento, nos unimos a la celebración de la Iglesia universal durante estos próximos cuatro domingos. Hay algo profundamente significativo en el hecho de que una comunidad de fe local dedique un tiempo intencionado a las mismas Escrituras durante una temporada. Hay algo aún más significativo en el hecho de que una familia de iglesias locales de un distrito, una región o incluso de todo el mundo recorran juntos este tiempo de forma intencionada.

Gracias por formar parte de esta aventura. Al igual que hizo en Belén, sea Cristo, la esperanza misma de toda la tierra, quien venga a cada uno y a todos nosotros de una manera que lo cambie todo.

—REVERENDO DAVID GILMOUR
ISLAS BRITÁNICAS

*Primer domingo
de Adviento*

Esperanza

30 DE NOVIEMBRE
DE 2025

Pasaje de las Escrituras

LUCAS 2:1-3

Por aquellos días, Augusto César decretó que se levantara un censo en todo el Imperio romano. Este primer censo se efectuó cuando Cirenio gobernaba en Siria. Así que iban todos a inscribirse, cada cual a su propio pueblo.

Durante la primera semana de Adviento, celebramos la esperanza, y nos resulta fácil ver por qué. ¡Ha nacido Jesucristo, la esperanza de toda la tierra! Jesús es la máxima expresión del amor de Dios, la prueba innegable de que importamos, de que somos valiosos, de que somos lo bastante importantes como para que Dios se haga carne y se mude a nuestro barrio.

La encarnación es un mensaje de esperanza directamente de Dios a la humanidad. Dios aceptó plenamente nuestra caída y fragilidad, nuestro quebrantamiento y desorden, todo para que pudiéramos ser rescatados. Es un mensaje de esperanza increíble. Sin embargo, llegó en un momento que parecía total y trágicamente desesperado. De hecho, Lucas tiene mucho cuidado en subrayar la desesperanza de la situación. «Por aquellos días», escribe. *Por aquellos días*, cuando el pueblo de Dios vivía de nuevo en cautiverio y esclavitud. *Por aquellos días*, cuando la adoración del único Dios verdadero era abiertamente escarnecida por los sistemas de fe de la Roma imperial. *Por aquellos días*, cuando el destino de los hijos de Abraham era decidido por emperadores, gobernadores y reyes a quienes nada les importaba Yahvé ni su pueblo.

Por aquellos días había muy pocas esperanzas, y todo parecía empeorar. El censo ordenado por César Augusto tenía varios propósitos, ninguno de los cuales habría inspirado esperanza al pueblo judío. Significaba impuestos más eficientes, que pagarían una opresión más eficiente. El censo era una demostración del poder de César: una sola orden emitida en Roma tenía repercusiones que llegaban a todo el mundo conocido, y era un recordatorio de que nadie podía aspirar a desafiar la autoridad imperial.

Sin embargo, fue *por aquellos días* cuando la esperanza entró en el mundo. Fue *por aquellos días* que la base definitiva de toda esperanza intervino y comenzó la revolución. Y fue *por aquellos días* que Dios le aseguró a su pueblo que no había terminado, que no se había acabado; de hecho, apenas estaba comenzando.

Muchos de nosotros vivimos en *aquellos días*. Puede que no sea la opresión imperial o el desmantelamiento de la comunidad de fe, aunque para muchos de nuestros hermanos y hermanas en Cristo de todo el mundo es exactamente eso. Para otros, *aquellos días* pueden ser días de enfermedad, de problemas matrimoniales, de dificultades económicas, o de muchas otras cosas. Es esencial que no comparemos nuestro sufrimiento con el de los demás porque, sean cuales sean *aquellos días*, pueden ser dolorosos, paralizantes, incluso devastadores. *Aquellos días* pueden adoptar mil formas diferentes, pero lo que todos tienen en común es que parecen excluir la posibilidad de esperanza. Sin embargo, al igual que el pueblo de Dios hace más de dos milenios, descubriremos que Dios realiza algunas de sus mejores obras en las situaciones más desesperadas.

Así que podemos tener la esperanza segura y cierta de que no se ha acabado para nosotros. Dios no ha terminado en nuestras situaciones o circunstancias. No ha terminado su obra en nosotros y por nosotros. Por más opresivos que parezcan *aquellos días*, nuestro Dios es más grande. *Aquellos días* no eliminan nuestra esperanza. Al contrario, crean las condiciones perfectas para que nos apoyemos en la esperanza de la promesa de Dios de que un día sanará, redimirá y restaurará toda la creación.

Preguntas para la reflexión o el debate

¿Qué días desesperados de tu propia vida podrían llamarse «aquellos días»?

Cuando experimentaste desesperación y dificultades en tu vida, ¿qué cosas, grandes o pequeñas, ocurrieron en medio de ese tiempo para traerte esperanza?

_____

_____

_____

_____

_____

¿Qué te da esperanza hoy?

_____

_____

_____

_____

Oración

Escribe una oración de esperanza.

_____

_____

_____

_____

_____

_____

_____

Cuya madre había sido…

Pasaje de las Escrituras

MATEO 1:1, 3, 5–6

Registro genealógico de Jesucristo, hijo de David y de Abraham […]: Judá, padre de Fares y de Zera, cuya madre fue Tamar; Fares, padre de Jezrón; Jezrón, padre de Aram […]; Salmón, padre de Booz, cuya madre fue Rajab; Booz, padre de Obed, cuya madre fue Rut; Obed, padre de Isaí e Isaí, padre del rey David. David fue el padre de Salomón, cuya madre había sido la esposa de Urías.

Una de las muchas cosas que distinguen a la Biblia del resto de la literatura y mitología antiguas es que nunca intenta presentar a sus héroes sin sus defectos. Los mayores campeones de la fe a menudo lo estropearon todo. Dudaron, negaron, traicionaron, abusaron, mintieron y engañaron. El «salón de la fe» de Hebreos 11 podría llamarse también «galería de los canallas». Sin embargo, la Biblia no intenta tapar las manchas ni endulzar la realidad. Por el contrario, ilumina las partes que tendemos a dejar en la sombra, poniendo de relieve a estos frágiles héroes con pies de barro como una celebración de la capacidad de la gracia de Dios para sacar belleza del polvo y esperanza de las cenizas.

Lo mismo ocurre con la genealogía de Cristo. Seguramente, supondríamos, si se pudiera hacer una excepción, ¡sería aquí! Seguramente aquí es donde el evangelista Mateo podría saltarse algunos de los detalles más sórdidos; no mentir, solo *omitir* algunas de las partes más escandalosas del linaje de Cristo. Alejandro Magno reivindicó al semidiós Hércules como uno de sus antepasados, Julio César insistió en que su familia descendía de la diosa Venus. Los héroes y gobernantes de la antigüedad destacaban la grandeza de sus árboles genealógicos. Iluminaban la gloria de sus linajes. Aquí, Mateo está presentando al Rey de todos los reyes y Señor de todos los señores: ¡es el lugar perfecto para que pode un poco el árbol genealógico! En lugar de eso, hace especial hincapié no en los héroes, sino en los escándalos. Ilumina con su luz las partes del árbol que nosotros intentamos ocultar.

Tamar, víctima de la política familiar y de los instintos sexuales depredadores de su suegro, está incluida en la genealogía de Cristo. Esta mujer, que fue maltratada, traicionada y abandonada a su suerte en un mundo hostil, algo que la cultura de la época habría considerado motivo de vergüenza para ella, es destacada y elevada a un lugar de belleza y énfasis como uno de los eslabones de la cadena que trajo al Salvador al mundo.

Se menciona a Rajab y a Rut. Rajab era una prostituta, inaceptable a los ojos del pueblo de Dios, pero venerada porque una vez ayudó a los israelitas a escapar de una situación militar hostil. Después, la acogieron y le permitieron vivir entre ellos como una más. Rut también era extranjera, y no cualquier extranjera, sino una de las peores: una moabita. Los israelitas tenían leyes contra la convivencia con extranjeros, pero Dios también esperaba que hicieran excepciones de vez en cuando, y Rut era una de ellas. Era una forastera introducida en la comunidad del pueblo de Dios para convertirse en una de ellos.

La esposa de Urías, más conocida hoy como Betsabé, también figura en la lista genealógica. Betsabé fue otra víctima de un hombre poderoso. La negativa del rey David a controlar su lujuria condujo a una serie de acontecimientos que finalmente le llevaron a traicionar a uno de sus propios súbditos, haciéndole matar. La cultura de la época consideraba que los actos de David eran motivo de vergüenza para su víctima. Sin embargo, aquí Betsabé asciende a un lugar de honor en este registro genealógico de cómo la esperanza vino a salvar al mundo.

Hay épocas en las que nos encontramos en líos que hemos heredado o creado. Puede ser difícil encontrar esperanza, creer que las cosas mejorarán, que la luz podrá surgir en este lugar de tinieblas.

Pero la genealogía de Jesús es un claro mensaje para el pueblo de Dios sobre el modo en que Dios hace renacer la esperanza de las cenizas y la luz de las tinieblas. A veces podemos caer en la tentación de pensar que la redención es algo que le ocurre a una parte profunda y oculta de nosotros que un día volará hacia la gloria. Pero nuestro Dios está haciendo nuevas todas las cosas, y lo está haciendo ahora mismo. Él redime cada centímetro y rincón de la creación. Así que, tanto si hemos provocado este desastre nosotros mismos, como si nos lo han infligido otros, él está más que dispuesto y es más que capaz de redimirlo y sacar esperanza incluso de esto. Pregúntale a Tamar, a Betsabé, a Rajab o a Rut.

Preguntas para la reflexión o el debate

¿Qué opinas de la afirmación de que la Biblia nunca intenta presentar a sus héroes sin sus defectos?

_____

_____

_____

_____

_____

_____

_____

_____

_____

_____

_____

_____

¿De qué manera la inclusión de «complicados» en la genealogía de
Jesús nos ofrece esperanza hoy?

_____

_____

_____

_____

_____

_____

_____

_____

Oración

Escribe una oración sobre la situación complicada de tu vida que
necesitas que Jesús redima.

_____

_____

_____

_____

_____

_____

_____

_____

_____

_____

¿Cómo podrá suceder esto?

Pasaje de las Escrituras

LUCAS 1:34-38

—¿Cómo podrá suceder esto —preguntó María
al ángel—, puesto que soy virgen?

Y el ángel dijo: —El Espíritu Santo vendrá sobre ti y el poder del
Altísimo te cubrirá con su sombra. Así que al santo niño que va a nacer
lo llamarán Hijo de Dios. También tu parienta Elisabet va a tener un
hijo en su vejez; de hecho, la que decían que era estéril ya está en el
sexto mes de embarazo. Porque para Dios no hay nada imposible.

—Aquí tienes a la sierva del Señor —contestó María—. Que él
haga conmigo como me has dicho. Con esto, el ángel la dejó.

Siempre me han gustado los finales felices. Sé que quizá no sea la forma
más artística de acabar una historia; sé que no siempre es la más perspicaz
o profunda, ni siquiera la más realista, pero no puedo evitarlo. Soy un
hombre sencillo. Quiero ver a la pareja viviendo feliz para siempre; quiero
ver villanos vencidos y héroes triunfantes. Quiero que todo termine
bien. Pero las *mejores* historias no lo hacen fácil. Te hacen trabajar para
conseguirlo. Te hacen atravesar los valles más oscuros antes de dejarte ver
las luces más brillantes.

En la adaptación cinematográfica de *Las dos torres* de J. R. R. Tolkien, los dos héroes Sam y Frodo han llegado a un punto crítico en su búsqueda. Las pronósticos parecen insuperables. Sus enemigos son demasiados y demasiado fuertes, y su misión es demasiado vasta para dos simples hobbits de la Comarca. Frodo le dice a su compañero: «No puedo hacer esto, Sam».

Y su leal amigo le responde: «Lo sé. Todo está mal. Por derecho ni siquiera deberíamos estar aquí, pero lo estamos. Es como en las grandes historias, Sr. Frodo. Las que realmente importaban. Estaban llenas de oscuridad y peligro. Y a veces no querías saber el final porque, ¿cómo podría ser feliz? ¿Cómo podía el mundo volver a ser como era cuando habían pasado tantas cosas malas? Pero al final, esta sombra es solo algo pasajero. Incluso la oscuridad debe pasar. Llegará un nuevo día. Y cuando brille el sol, brillará más claro. Esas son las historias que se quedaron contigo. Que significaban algo, aunque fueras demasiado pequeño para entender por qué. Pero creo, Sr. Frodo, que sí entiendo. ¡Ahora lo sé! La gente de esas historias tuvo muchas posibilidades de volverse atrás, pero no lo hicieron. Siguieron adelante porque se aferraban a algo».

Frodo pregunta: «¿A qué nos aferramos, Sam?».

Sam dice: «A que hay algo bueno en este mundo, Sr. Frodo. Y que vale la pena luchar por ello».

Sam tiene razón. Al final, todo vale la pena porque, incluso en la oscuridad más profunda, hay una esperanza increíble e imposible. El pueblo de Dios ha construido sus vidas sobre el hecho de que ninguna palabra de Dios fallará jamás, incluso cuando es imposible. Incluso cuando es imposible que las cosas mejoren, hay esperanza. Incluso cuando nunca podremos superar esto, hay esperanza. Incluso cuando nunca volverán a casa, hay esperanza. Incluso cuando esa relación nunca pueda arreglarse, hay esperanza, porque ninguna palabra de Dios fallará jamás.

María era una adolescente, sin duda con sus propios sueños y planes para el futuro. Entonces apareció Gabriel para interrumpir todo aquello y decirle que tenía un papel que desempeñar en el plan de Dios. Esta sencilla campesina del medio de la nada tenía de repente un papel en la redención y la renovación de toda la creación. Significaría pérdida, significaría vergüenza, significaría murmullos y rumores sobre la muchachita que quedó embarazada fuera del matrimonio. Sin embargo, incluso desde esta oscuridad, los problemas y el dolor, María se aferró a la esperanza imposible de que Dios la utilizaría para el bien supremo y perfecto. Dios la utilizaría para llevar las buenas nuevas de vida y libertad hasta los confines de la tierra, asegurándose de que todos pudieran formar parte de la maravillosa celebración que Dios estaba preparando.

Podemos encontrarnos en la parte triste de la historia, en la parte dura de la historia. Podemos encontrarnos en el lugar donde la esperanza parece ridícula o incluso imposible. Sin embargo, ninguna palabra de Dios fallará jamás, aunque tengamos que esperar mucho tiempo para ver cumplidas las promesas de Dios. Dios ha asegurado a su pueblo que siempre actúa para nuestro bien, incluso cuando parece que no hay manera. Nos ha asegurado que es especialista en sacar vida de la muerte y luz de las tinieblas.

Nunca estamos desesperados. La luz siempre surgirá para el pueblo de Dios. Puede que no ocurra cuando queremos o de la manera que esperamos, pero Dios es fiel y digno de confianza. Él es quien va delante, detrás y al lado de su pueblo. El que aseguró a María nos asegura hoy a nosotros.

Preguntas para la reflexión o el debate

¿Qué opinas de la comparación que hace el autor de nuestra esperanza en Cristo con la escena de *El señor de los anillos*? ¿Es buena la comparación? ¿Por qué sí o por qué no?

_____

_____

_____

_____

_____

_____

_____

¿Qué significa que «ninguna palabra de Dios fallará jamás»?

_____

_____

_____

_____

_____

_____

_____

_____

_____

Oración

Escribe una oración sobre la palabra de Dios que estás esperando que se cumpla en tu vida.

_____

_____

_____

_____

_____

_____

_____

_____

_____

_____

_____

_____

La luz resplandece en la oscuridad

Pasaje de las Escrituras

JUAN 1:1-5

En el principio ya existía el Verbo, y el Verbo estaba con Dios, y el Verbo era Dios. Él estaba con Dios en el principio. Por medio de él todas las cosas fueron creadas; sin él, nada de lo creado llegó a existir. En él estaba la vida y la vida era la luz de la humanidad. Esta luz resplandece en la oscuridad y la oscuridad no ha podido apagarla.

En la historia de C. S. Lewis *El león, la bruja y el ropero*, el reino encantado de Narnia está gobernado por la Bruja Blanca, una tirana cuya magia mantiene la tierra atrapada en un invierno perpetuo. Cuando una niña inglesa llamada Lucy se encuentra en un bosque narniano cubierto de nieve, conoce a un fauno llamado Sr. Tumnus. Mientras comparte con ella las historias de su mundo, habla en voz baja de la Bruja Blanca: «Ella es quien tiene a toda Narnia bajo su dominio. Ella es la que hace que siempre sea invierno. Siempre invierno y nunca Navidad; ¡piensa en eso!».

En el Reino Unido, la Navidad cae en la época más fría y oscura del año, a pocos días del solsticio de invierno, el día más corto del año. Mucha gente sale a trabajar de noche y vuelve a casa a oscuras. Podemos ver breves retazos de luz y vida, pero la creación misma parece dormir. Las hojas se han caído, la hierba no crece y muchos animales han desaparecido. Es muy fácil que nos sintamos como el Sr. Tumnus: que siempre es invierno y nunca Navidad.

Desde luego, no somos los primeros en sentirnos así. La historia del antiguo Israel a menudo parecía un invierno implacable. Sufrieron como esclavos en Egipto durante cuatrocientos años. Estuvieron exiliados en Babilonia durante décadas. En la época de Cristo, sufrían de nuevo la opresión del dominio extranjero; vivían en su propia casa, pero seguían siendo exiliados. A pesar de todo, habían estado esperando un Salvador, un Mesías, alguien que volviera a poner las cosas en su sitio. Seguramente les parecía que siempre era invierno, siempre oscuro, sin ninguna esperanza de luz.

Pero Juan nos asegura que, incluso en medio de la larga y fría oscuridad, la luz brilla y no ha sido vencida; no *será* vencida; *no puede* ser vencida. Y esa luz es tan brillante, cálida y fuerte que vale la pena esperarla a través de los largos y fríos inviernos de nuestra alma, sea cual sea la forma que adopten y el disfraz que lleven. Nuestras circunstancias y situaciones no pueden vencer la luz de Cristo.

Por muy desafiantes y difíciles que sean, por muy dolorosos e insoportables que parezcan, incluso por muy indignos que seamos, nuestra luz brilla en la oscuridad, y no puede ser vencida por la soledad, el miedo o la ansiedad, por la pérdida, la pena o el desempleo. La luz de Cristo brilla en la oscuridad más profunda. Puede que sea invierno, pero se acerca la Navidad.

Preguntas para la reflexión o el debate

¿Qué significa creer que la luz no puede ser vencida por las tinieblas?

_____
_____
_____
_____
_____
_____
_____
_____
_____
_____

¿Qué significa la frase «siempre invierno y nunca Navidad»?

_____
_____
_____
_____
_____
_____
_____
_____
_____
_____
_____
_____

¿Cuándo has visto luz en un lugar oscuro? ¿En qué circunstancias? ¿Cómo interactuaban la luz y la oscuridad? ¿Cómo te has sentido al ver la luz?

_____

_____

_____

_____

_____

_____

_____

_____

Oración

Escribe una oración sobre la capacidad de la luz de no dejarse vencer por la oscuridad.

_____

_____

_____

_____

_____

_____

_____

_____

_____

_____

_____

Y se llenaron de temor

Pasaje de las Escrituras

LUCAS 2:8–9

En esa misma región había unos pastores que pasaban la noche en el campo, turnándose para cuidar su rebaño. Sucedió que un ángel del Señor se les apareció. La gloria del Señor los envolvió en su luz y se llenaron de temor.

A menudo tendemos a idealizar ciertas cosas. La naturaleza es pacífica, serena y hermosa, hasta que tenemos que pasar una noche en una tienda de campaña en medio de la nada. Entonces cada ruido se convierte en un monstruo y cada guijarro bajo la almohada en una roca afilada como una cuchilla.

Lo mismo ocurre con los pastores de la Biblia. Podemos imaginarnos fácilmente a estas personas como la sal de la tierra: humildes granjeros que cuidan de sus rebaños, en armonía con la naturaleza, con los demás y con el mundo que les rodea. Sin embargo, las Escrituras insinúan que esta perspectiva no siempre es compartida por los personajes de la historia de la salvación.

Incluso el futuro rey David fue tratado con desprecio por su propia familia. Su padre parecía olvidarse de su existencia porque siempre estaba cuidando de lo que su hermano llamó más tarde «esas pocas ovejas» (véase 1 Samuel 17:28). La verdad es que los pastores judíos inspiraban poco respeto en su comunidad. Al no ser lo bastante buenos para seguir a un rabino, su trabajo con rebaños y manadas significaba que estos desertores de la escuela secundaria eran incapaces de mantener las estrictas leyes de limpieza ritual exigidas por los líderes religiosos. Según todas las estimaciones, los pastores estaban entre las últimas personas a las que se podía esperar que Dios visitara con una noticia tan increíble. Que Dios confiara a *esas personas* una revelación como ésta habría sido inimaginable. Los pastores no tenían posición, poder o estatus; no había manera de que fueran lo suficientemente buenos o lo hicieran lo suficientemente bien; eran silenciosamente despreciados por sus pares y abiertamente rechazados por el sistema religioso. No tenían calificaciones, ni estatus espiritual, ni esperanza. Continuamente se les dejaba de lado y se les dejaba atrás.

Sin embargo, Dios decidió enviar un coro de ángeles a *esas personas* para llevarles un mensaje de esperanza que sacudía el universo, transformaba la vida y salvaba a los pastores. Fueron los primeros en enterarse de que había nacido el Mesías, de que había surgido la luz, de que por fin había llegado la esperanza. Y era una esperanza que les incluía incluso a ellos. Hoy, también, es una esperanza que no excluye, no establece requisitos de entrada, no tiene un estándar mínimo de comportamiento, educación, finanzas o cualquier otra cosa que podamos imaginar. Jesucristo ofrece esperanza a todas las personas, sean quienes sean, hayan hecho lo que hayan hecho o hayan estado donde hayan estado. Y esta esperanza transforma a quienes la reciben.

Los pastores no volvieron simplemente a su trabajo con los rebaños como si nada hubiera pasado. Al contrario, «cuando vieron al niño, contaron lo que les habían dicho acerca de él» (Lucas 2:17), y regresaron «glorificando y alabando a Dios por lo que habían visto y oído, [...]» (Lucas 2:20). Estos pastores se convirtieron en los primeros misioneros del evangelio, hablándole a todo el que quisiera escucharlos de la nueva esperanza que se les había dado a ellos y al mundo entero.

La esperanza que trae Cristo nos alcanza incluso a nosotros. Por improbable que parezca, por indignos que seamos, nos alcanza allí donde estamos, aunque estemos sentados en una colina cuidando ovejas. La esperanza del evangelio nos incluye a todos y nos transforma a todos.

Preguntas para la reflexión o el debate

¿Quiénes son los antiguos pastores de nuestro mundo actual, aquellos a quienes se les podría confiar el mensaje de Jesús, pero a quienes el resto de la sociedad podría considerar marginados, sin importancia o molestos?

_____

_____

_____

_____

_____

_____

_____

_____

_____

¿Qué nos dice la elección del mensajero de Dios sobre lo que Dios espera de nosotros?

_____

_____

_____

_____

_____

_____

_____

_____

_____

_____

Oración

Escribe una oración de confesión y arrepentimiento por las veces que has ignorado un mensaje de Dios debido al «envoltorio» en el que venía.

_____

_____

_____

_____

_____

_____

_____

_____

_____

_____

_____

_____

_____

_____

_____

_____

_____

_____

_____

_____

Una luz ha resplandecido

Pasaje de las Escrituras

ISAÍAS 9:2

El pueblo que andaba en la oscuridad ha visto una gran luz; sobre los que vivían en tierra de sombra de muerte una luz ha resplandecido.

Nuestra familia tiene varias tradiciones de Nochebuena. Una de las más importantes es pasear en familia por el pueblo. Nos abrigamos bien y llevamos al perro a pasear por la comunidad, disfrutando de las decoraciones y tratando de decidir cuál es nuestra casa favorita. Hay algo hermoso en esta noche oscura, fría e invernal, en la que nos tomamos un tiempo para centrarnos en la luz y la belleza que no se apagan con la oscuridad, sino que brillan con más intensidad.

En Isaías 9, el profeta predica a un pueblo que pronto sufrirá una derrota y será llevado al exilio, donde penará durante setenta años. Cuando esta profecía llega finalmente a su cumplimiento en Cristo, Israel está esclavizado en su propia casa, en su propia tierra, sufriendo bajo la ocupación romana. Sin embargo, en esta misma oscuridad, la luz de la promesa de Dios brilla con un resplandor inextinguible. Cuando no había esperanza, cuando no había ayuda, cuando no había salida ni camino, el Señor intervino, como solo él podía hacerlo, y sigue haciéndolo.

En nuestro lugar de oscuridad más profunda, cuando estamos completamente al final de nosotros mismos, cuando todos nuestros recursos se han agotado y todas nuestras esperanzas se han secado, la luz de Cristo todavía brilla, y nunca puede ni podrá ser vencida.

El exilio en Babilonia no apagó su luz, la decepción de volver a casa a unos muros derruidos y a un templo de escombros, no apagó su luz. La conquista de Roma no apagó su luz, ni siquiera todo el poder del pecado y de la muerte pudo apagar esta luz divina que brilla tanto más cuanto más oscuras se vuelven las cosas.

En cierto modo, seguimos esperando el cumplimiento final y último de esta promesa dada a través de Isaías, porque seguimos viviendo en un mundo que puede ser profunda y dolorosamente oscuro. Pero esperamos con la esperanza segura y cierta de que un día, la luz de Cristo llenará, inundará y saturará cada centímetro y rincón de la creación, y las tinieblas serán expulsadas y alejadas por última vez, para no volver jamás.

Este tiempo de Adviento no consiste solo en esperar y prepararnos para celebrar la *primera* venida de nuestro Señor; también tiene por objeto dirigir nuestros corazones y nuestras mentes hacia la segunda y *final* venida, cuando todos los que caminan en tinieblas verán una gran luz al salir el sol de justicia con la sanidad en sus rayos.

Así que ¡ánimo! Esta oscuridad no perdurará. Nuestra redención se acerca. Como nos dice Pablo: «la noche está muy avanzada y ya se acerca el día» (Romanos 13:12).

Preguntas para la reflexión o el debate

¿Cuándo has experimentado la luz en la oscuridad (ya sea literal o metafóricamente)?

_____

_____

_____

_____

_____

_____

_____

_____

_____

¿Qué aspecto tiene la esperanza envuelta en harapos, la esperanza que se encuentra entre los escombros o en medio de muros derribados?

_____

_____

_____

_____

_____

_____

_____

_____

_____

Oración

Escribe una oración sobre la esperanza envuelta en harapos que persiste en la oscuridad y los escombros.

_____

_____

_____

_____

_____

_____

_____

_____

_____

_____

_____

_____

_____

_____

_____

_____

_____

_____

_____

_____

_____

_____

No temas

Pasaje de las Escrituras

MATEO 1:20

Pero cuando él estaba considerando hacerlo, se le apareció en sueños un ángel del Señor y le dijo: «José, hijo de David, no temas recibir a María por esposa, porque ella ha concebido por el poder del Espíritu Santo».

La película *Sueño de fuga* cuenta la historia de una brutal prisión de Nueva Inglaterra, pero en última instancia es una historia sobre la esperanza. Un preso llamado Red dice a sus amigos que la esperanza es algo peligroso porque puede volverte loco. La esperanza no tiene cabida en la cárcel —dice— porque esperarás y esperarás a que llegue algo mejor, y nunca llegará.

Otro preso, Andy, no está de acuerdo, le dice: «La esperanza es algo bueno. Quizá la mejor de las cosas».

Andy sabe que cuando todo parece oscuro y tenemos motivos para desesperar, la esperanza se vuelve más vital, más esencial, más vivificante. *Habrá* momentos en los que la esperanza parezca una tontería, una locura o incluso un peligro. Al igual que Red, podemos sentir la tentación de enterrar nuestra esperanza en lo más profundo porque parece que nos prepara para una decepción inevitable. Pero Dios actúa a menudo en situaciones que parecen de lo *más* desesperadas, y podemos sentirnos aún más animados cuando Dios interviene y hace lo imposible.

Dios lo hizo con Abraham. El Nuevo Testamento nos dice en dos lugares distintos que Abraham estaba «como muerto» (Romanos 4:19; Hebreos

11:12), y sin embargo Dios prometió hacer de él un padre de naciones. El Señor eligió a una pareja que había sido estéril durante todo su matrimonio para dar a luz a una línea familiar que trajera esperanza a toda la creación. Había numerosas parejas más jóvenes que eran capaces de engendrar hijos fuertes y convertirse en constructores de naciones, pero Dios eligió a Abraham y Sara, asegurándoles que esta esperanza ridícula se haría realidad.

Dios lo hizo con Moisés. Dios utilizó a Moisés para sacar al pueblo de Egipto, de la tierra de la esclavitud, con increíbles señales y prodigios, y luego los llevó hasta la orilla del mar Rojo. Con el agua delante y el ejército del faraón detrás, todo parecía perdido. Seguramente Dios podría haberlos llevado por otro camino. Sin embargo, dividió el mar y condujo al pueblo a través de un muro de agua a su izquierda y a su derecha: el Dios de la esperanza ridícula.

Dios lo hizo con David. Tomó a un simple pastor, olvidado por su padre y despreciado por sus hermanos, y lo ungió rey de Israel, asegurándole que llevaría a su pueblo a la grandeza.

Y Dios lo hizo con José. El ángel aseguró a este sencillo carpintero que su joven prometida concebiría y daría a luz al Hijo de Dios. Dios prometió a José que lo imposible sucedería porque Dios puso su corazón y su mente en ello. Como diría Pablo más tarde: «Dios es siempre veraz, aunque el hombre sea mentiroso» (Romanos 3:4).

Lo que fue cierto para Abraham y Moisés, lo que fue cierto para David y José, sigue siendo cierto para nosotros hoy. Sigue siendo el Dios de la esperanza ridícula, el Dios que es capaz de hacer inconmensurablemente más de todo lo que pedimos o imaginamos, haciendo que ninguna de las situaciones y circunstancias de nuestra vida nos deje sin esperanza o desamparados.

La publicidad de *Sueño de fuga* decía: «El miedo puede tenerte prisionero; la esperanza puede liberarte».

Aunque pueda parecer ridícula.

Preguntas para la reflexión o el debate

¿Qué opinas de la afirmación del autor de que la esperanza se vuelve más esencial en nuestros momentos más oscuros y desesperados? ¿Por qué estás de acuerdo o en desacuerdo?

_____

_____

_____

_____

_____

_____

_____

_____

_____

¿Cómo puede el miedo convertirse en un método de encarcelamiento, y cómo podría la esperanza actuar en contra de ello?

_____

_____

_____

_____

_____

_____

_____

_____

_____

Oración

Escribe una oración de esperanza que encomiende tus miedos a Dios.

_____
_____
_____
_____
_____
_____
_____
_____
_____
_____
_____
_____
_____
_____
_____
_____
_____
_____
_____
_____
_____
_____

*Segundo domingo
de Adviento*

Paz

7 DE DICIEMBRE
DE 2025

Pasaje de las Escrituras

También José, que era descendiente del rey David, subió de Nazaret, ciudad de Galilea, a Judea. Fue a Belén, la Ciudad de David, para inscribirse junto con María, que estaba comprometida para casarse con él. Ella se encontraba embarazada y mientras estaban allí se le cumplió el tiempo. Así que dio a luz a su hijo primogénito. Lo envolvió en pañales y lo acostó en un pesebre, porque no había lugar para ellos en la posada.

A veces, la Navidad puede parecer la época menos tranquila del año. Cualquiera que haya dejado las compras navideñas para el último momento puede dar fe de ello. Sin embargo, incluso cuando todos los planes y preparativos han concluido, muchos de nosotros seguimos encontrando muy poca paz. Entre envolver y cocinar, comidas familiares y peleas familiares, y acomodar a los que vienen de afuera, la paz parece ser un bien escaso.

Tal vez podamos encontrar consuelo en el hecho de que la falta de paz está en perfecta consonancia con la primera Navidad. Encontrar la paz en medio del caos puede ser la tradición navideña más antigua que tenemos.

José y María ya habían pasado meses enfrentándose a los problemas y luchas que conlleva un embarazo sospechoso en una comunidad pequeña y rural. Ahora tenían que viajar hasta Belén para inscribirse en el censo romano: un viaje de unos ciento treinta kilómetros, que les habría llevado al menos cuatro días. Llegan a la ciudad natal de José y descubren que la multitud se les había adelantado. Belén estaba repleta de viajeros, y el único lugar que pudieron encontrar para dar a luz al hijo de María era literalmente solo apto para animales. Parece que había poco espacio para la paz en su Navidad, igual que a menudo parece haberlo en la nuestra, porque la paz profunda del alma no se puede *encontrar*; hay que *aceptarla*.

José y María experimentaron sin duda la paz que necesitaban desesperadamente cuando tuvieron en sus brazos al Hijo de Dios recién nacido. Incluso en medio de todo el caos del embarazo, el viaje y el parto, no cabe duda de que sintieron la paz que solo puede venir de Dios cuando escucharon, vieron y sostuvieron a su bebé, su Salvador.

La paz no se puede comprar en una tienda ni encargar por Internet. No se puede envolver para regalo ni servir en un plato. Por mucho que nos esforcemos, por mucho que hagamos, la paz que necesitamos más desesperada y urgentemente tiene su fuente en Jesucristo. La paz de Dios es un regalo de la gracia de Dios que se da gratuitamente a todos los que hacen lo que hicieron los padres terrenales de Jesús: simplemente estar en su presencia. Es posible que el caos no cese. La sagrada familia tuvo que huir de Belén porque un tirano planeó el asesinato de todos los niños varones de la zona en un intento inútil de matar al Mesías.

Nuestro caos puede continuar e incluso aumentar. Tras el nacimiento milagroso en la encarnación de Cristo, María, José y el niño Jesús estuvieron refugiados en otro país durante un tiempo antes de poder regresar a casa sanos y salvos. Pero el caos de un mundo roto no puede disminuir ni estropear la paz que Dios da. No puede superar o abrumar la paz que viene de sentarse a los pies de Jesús. Cristo nos prometió una paz incomparable (véase Juan 14:27). Parafraseando la vieja canción: «Tenemos una paz que el mundo no puede dar, y el mundo no puede quitar».

Preguntas para la reflexión o el debate

¿Te reconforta, como sugiere el autor, darte cuenta de que la primera Navidad probablemente no fue muy pacífica? ¿Por qué sí o por qué no?

_____

_____

_____

_____

_____

_____

_____

¿Qué quiere decir el autor con la afirmación de que «la paz profunda del alma no se puede encontrar; hay que aceptarla»?

_____

_____

_____

_____

_____

_____

Si Jesús es la fuente de nuestra paz, y si somos cristianos que seguimos a Jesús pero no nos sentimos en paz, ¿qué podemos hacer para traer la paz de Jesús a nosotros mismos? (Piensa en la diferencia entre encontrar y aceptar la paz).

_____

_____

_____

_____

_____

Oración

Escribe una oración pidiendo a Dios que te conceda la paz en una situación en la que la necesites.

_____

_____

_____

_____

_____

_____

Por el poder del Espíritu Santo

Pasaje de las Escrituras

MATEO 1:18

El nacimiento de Jesucristo fue así: Su madre, María, estaba comprometida para casarse con José; pero, antes de unirse a él, resultó que estaba embarazada por el poder del Espíritu Santo.

El grupo cristiano Casting Crowns tiene una canción titulada *Dream for you* [Sueño para ti]. La segunda estrofa imagina a Dios hablándole a María: «Oye, María, he oído que has estado soñando, haciendo planes para el gran día de tu boda, pero he estado pensando...».

Antes de recibir la visita de sus mensajeros angélicos, es difícil imaginar que María o José pudieran esperar lo que Dios les tenía reservado. ¿Cómo podrían haber soñado con el papel que desempeñarían en la historia de la salvación, con la contribución que harían a la historia de la redención de Dios? Hasta ese momento, sus sueños debían de ser muy parecidos a los de sus pares y vecinos: una vida honrada, una familia amorosa, una vida tan larga y pacífica como pudieran llevar juntos.

Entonces recibieron el encargo de Dios de ser padres del Mesías, madre y padre de aquel que lo cambiaría todo. En un instante, sus esperanzas y sueños para la vida que les esperaba cambiaron radicalmente. Muchos de nosotros nos resistiríamos o nos resentiríamos ante un llamado que nos exigiera tantos sacrificios y cambios tan drásticos en nuestras vidas. En los años siguientes, María y José se trasladaron a Belén, luego huyeron a un nuevo país como refugiados, para finalmente regresar a Nazaret una vez que volvió a ser seguro.

Su vida tranquila y pacífica se vio interrumpida de forma brusca y dramática. Sin embargo, las Escrituras no nos dan ningún indicio de resentimiento o amargura por parte de ninguno de ellos. De hecho, casi siempre que se menciona a José en el libro de Mateo, es en el contexto de una rápida obediencia.

La interrupción de su paz fue algo ligero y momentáneo si se compara con el privilegio de ser una parte tan importante de la historia de Dios. Su papel no siempre fue fácil. De hecho, poco después del nacimiento, se le prometió a María: «En cuanto a ti, una espada te atravesará el alma» (Lucas 2:35). Su papel en la historia de la salvación les trajo desafíos y pruebas, dolor y lágrimas. Pero no hay ningún indicio de que se arrepintieran de su elección. De hecho, María formó parte de la historia hasta el punto de estar al pie de la cruz, viendo morir a su amado hijo.

Seguir a Cristo en el camino significará a menudo permitir que nuestra versión de la paz sea interrumpida. A menudo significará que nuestros planes se desbaraten, que nuestra agenda se reescriba, incluso que se anule. Pero María y José forman parte de esa gran nube de testigos que nos aseguran que siempre, siempre vale la pena. Nos prometerían que cualquier sacrificio por nuestra parte es superado con creces por la infinita riqueza de seguir a Jesús. Nos animarían a que toda paz que permitamos que se interrumpa nos será devuelta diez mil veces y más.

No te resistas a las interrupciones de Dios. Acógelas, abrázalas y deja que te lleve más lejos de lo que jamás imaginaste.

Preguntas para la reflexión o el debate

¿Qué significan para ti los planes interrumpidos o reajustados? ¿Son molestos y estresantes, o no te molestan mucho?

_____

_____

_____

_____

_____

_____

_____

Si eres el tipo de persona a la que las interrupciones y los cambios de planes le producen mucho estrés, la próxima vez que ocurra ¿cómo podrías invitar a la paz en el proceso?

_____

_____

_____

_____

_____

_____

_____

_____

_____

_____

¿Por qué crees que Dios interrumpe a veces nuestros planes?

_____

_____

_____

_____

_____

_____

_____

_____

_____

Oración

Escribe una oración comprometiéndote a aceptar la próxima interrupción que Dios traiga a tu vida. (Cuidado: ¡Dios tiene la costumbre de responder a este tipo de oraciones muy rápidamente!).

_____

_____

_____

_____

_____

_____

_____

_____

_____

_____

La sierva del Señor

Pasaje de las Escrituras

LUCAS 1:38

—Aquí tienes a la sierva del Señor —contestó María—. Que él haga conmigo como me has dicho. Con esto, el ángel la dejó.

¿Cómo gestionas una crisis? Cuando parece que tu mundo está tocando fondo, cuando sientes que toda tu vida está en llamas, ¿cómo lo manejas? A algunos nos entra el pánico: todo nos abruma y nos parece demasiado para afrontarlo. Otros pueden ponerse en modo asunto de trabajo y bloquear cualquier sentimiento hasta que la crisis haya pasado.

Pero algunos hemos tenido la bendición de encontrarnos con santos de Dios que, en medio de las tormentas, los problemas y las pruebas, en medio de los desastres y las decepciones, en medio de las crisis y las catástrofes, permanecen firmemente arraigados en una paz profunda. No ignoran los problemas, no se sumergen en el río de la negación, no entierran la cabeza en la arena y esperan que todo pase. Afrontan las crisis de la vida en un mundo destruido con una paz inquebrantable, inamovible, porque saben que pueden confiar sus preocupaciones a Dios.

La paz no es el optimismo ciego de que las cosas saldrán bien, no es cerrar los ojos para bloquear el desorden del mundo. Es la certeza de que incluso aquí y ahora, incluso en todo este quebrantamiento y en toda esta oscuridad, Dios sigue presente y sigue obrando.

Lo vemos en el pasaje de hoy con María. Esta adolescente, confrontada repentinamente y sin previo aviso por uno de los mensajeros del cielo, un ser de tal gloria que una y otra vez a lo largo de las Escrituras, su primer saludo tuvo que ser: «¡No temas!».

Gabriel dijo entonces a la muchacha que desempeñaría un papel importante en la historia de la salvación. Se enfrentaría al escándalo y la sospecha de sus vecinos, se enfrentaría a la incertidumbre de un prometido que podría aceptarla o no. Le dijo que el niño que llevaría en su vientre era aquel a quien su pueblo había anhelado durante siglos, el Salvador que esperaban desde hacía más tiempo del que se pudiese recordar. Su hijo sería la realización de esperanzas y sueños alimentados durante generaciones. Más que eso, no solo sería su hijo, sino que sería el mismísimo Hijo de Dios.

Era una noticia impactante e increíble. Sin embargo, la respuesta de María fue sin vacilaciones, llena de la paz que solo puede venir de la plena confianza en Dios.

¿Estamos dispuestos a confiar en que el Dios de la paz sabe lo que es mejor? ¿Estamos dispuestos a confiar en las promesas de las Escrituras, según las cuales nuestros días están escritos en su libro desde antes de que sucedan, y que él siempre hace que las cosas vayan bien para los que le aman?

Siempre podemos confiar en nuestro Padre celestial. Incluso cuando nos enfrentamos a realidades que nos hacen tambalear, que nos confunden y que amenazan con aterrorizarnos, podemos confiar en la paz de Dios que sobrepasa nuestro entendimiento (véase Filipenses 4:7).

Preguntas para la reflexión o el debate

¿Cuál es tu *modus operandi* en caso de crisis? ¿Cómo reaccionas ante situaciones aterradoras, inquietantes o perturbadoras? ¿Entras en pánico y te vuelves inútil, o desconectas toda emoción y haces lo que hay que hacer y solo te permites derrumbarte más tarde cuando la situación se resuelve? ¿O alguna otra cosa?

_____

_____

_____

_____

_____

_____

_____

¿Por qué crees que María pudo responder al mensaje de Gabriel con una obediencia tan serena?

_____

_____

_____

_____

_____

_____

_____

_____

¿Qué significa para ti experimentar la paz en medio del caos?

_____

_____

_____

_____

_____

_____

_____

_____

_____

_____

Oración

Escribe una oración pidiendo a Dios que te inunde de paz.

_____

_____

_____

_____

_____

_____

_____

_____

_____

_____

_____

Se cumplió el tiempo

Pasaje de las Escrituras

LUCAS 2:6–7

[...] y mientras estaban allí se le cumplió el tiempo. Así que dio a luz a su hijo primogénito. Lo envolvió en pañales y lo acostó en un pesebre, porque no había lugar para ellos en la posada.

Quizá mi imagen favorita del nacimiento de nuestro Señor sea un cuadro de Gari Melchers titulado *La Natividad*. La razón por la que me parece tan bello es que es profunda e incómodamente *real*. No podría ser más diferente de los pesebres de nuestras tarjetas navideñas, tan cálidos, cómodos y acogedores.

En este cuadro, la sagrada familia aparece en lo que parece ser un espacio frío y estéril, parecido a un sótano. María descansa apoyada contra las ruedas de un carro, probablemente para evitar que el frío y la humedad le calen hasta los huesos. José está despierto y encorvado, en mi opinión, con un aspecto totalmente aterrorizado. Aquí tenemos a un hombre muy consciente de lo fuera de sí que se encuentra. Cualquier padre primerizo puede sentirse así, pero José parece dolorosamente consciente de que este recién nacido indefenso es el Hijo del Dios vivo, hecho carne de una manera que nadie podría haber imaginado jamás. Junto a María, cubiertos con unos trapos, hay un cuenco y un cántaro de agua. Está claro que el parto tuvo lugar en el suelo, de la forma menos auspiciosa en que podría llegar un rey.

Parece una escena carente de toda esperanza, salvo por una cosa. Con todo su agotamiento y preocupación, con todas sus dudas sobre lo que depara el futuro a su joven familia, con todo el caos al que se acaban de enfrentar y al que podrían enfrentarse en el futuro, los ojos de José y María están resueltamente fijos en la única fuente de luz de todo el cuadro: el pesebre que sostiene al Salvador recién nacido. Un padrastro aterrorizado, sentado junto a una madre agotada, puede encontrar la paz, la fuerza y la esperanza renovadas en aquel que yace envuelto en pañales, durmiendo en un pesebre.

Jesús es literalmente el único punto brillante de la escena.

Muchos de nosotros podemos sentirnos fácilmente como José, donde apenas hacemos pie, manteniendo a duras penas la cabeza fuera del agua, viviendo en lo que un viejo proverbio chino llama «tiempos interesantes», enfrentándonos hoy al caos y mañana a la incertidumbre. La paz parece difícil de alcanzar, incluso imposible.

Sin embargo, para el pueblo de Dios, Cristo está presente. Él siempre está íntima y suficientemente presente. Y, como José en el cuadro de Melchers, descubriremos que la luz de Cristo basta para infundirnos aliento, su luz basta para fortalecernos y sostenernos, su luz basta para concedernos la paz.

Así podremos lanzarnos de nuevo a un mundo desordenado, a un mundo inquieto, a un mundo que parece diseñado y construido para mantenernos en un caos perpetuo. Y en medio de todo ello, podemos estar seguros de que lo lograremos. Como los discípulos tuvieron que aprender por sí mismos, Cristo nunca se hundirá, por dura que sea la tormenta, y si nosotros estamos en su barca, tampoco nos hundiremos. Quizá no podamos reírnos de la tormenta, los discípulos no se reían y tenían literalmente a Jesús en la barca, pero podemos tener la férrea certeza de que la tormenta pasará y de que Jesús estará presente con nosotros en medio de ella.

Cuando más necesitamos la paz, lo mejor que podemos hacer es seguir el ejemplo de José en el cuadro de Melchers: fijar los ojos en Jesús, el iniciador y perfeccionador de nuestra fe, el que da la paz cuando más la necesitamos, justo en el corazón de la tormenta.

Preguntas para la reflexión o el debate

Busca en Google el cuadro de Melchers al que se refiere el autor en esta reflexión devocional, si aún no lo has hecho. Míralo. ¿Qué ves en la escena que sea diferente o similar a lo descrito por el autor?

_____

_____

_____

_____

_____

_____

_____

_____

Puede ser sencillo decir algo como «fijar la mirada en Jesús» como metáfora. Pero, ¿qué significa eso en un sentido práctico, literal? ¿Cómo puede traernos paz?

_____

_____

_____

_____

_____

_____

_____

_____

_____

Oración

Escribe una oración en la que expreses tu agradecimiento por la incomprensible paz de Dios.

_____

_____

_____

_____

_____

_____

_____

_____

_____

_____

_____

_____

_____

_____

_____

_____

_____

_____

_____

_____

_____

En la tierra paz

Pasaje de las Escrituras

LUCAS 2:13-14

De repente apareció una multitud de ángeles del cielo, que alababan a Dios y decían: «Gloria a Dios en las alturas, y en la tierra paz a los que gozan de su buena voluntad».

El 25 de diciembre de 1914 es quizá uno de los días de Navidad más famosos de la historia. Conocida como la «tregua de Navidad», los soldados de todo el Frente Occidental de la Primera Guerra Mundial salieron de sus trincheras y cruzaron la «tierra de nadie» para intercambiar prisioneros, comida e incluso pequeños regalos. También cantaron villancicos, celebraron entierros en conjunto e incluso jugaron un famoso partido de fútbol.

Un oficial alemán registró: «Así que, después de todo, la fiesta de Navidad, la fiesta del amor, hizo que los odiados enemigos fueran amigos durante un breve periodo de tiempo». Desgraciadamente, solo fue por poco tiempo. En pocos días la tregua era un mero recuerdo y el conflicto, cada vez más crudo, había comenzado de nuevo. De hecho, al año siguiente, a medida que avanzaba la guerra, las treguas fueron cada vez menos frecuentes y, en 1916, eran prácticamente inexistentes.

Se calcula que, desde 1939, solo ha habido veintiséis días de paz continua e ininterrumpida en todo el planeta, y algunos estudiosos creen que esa cifra es optimista.

Hasta el siglo XX, existía la creencia generalizada de que la humanidad estaba evolucionando moralmente y que, muy pronto, la guerra quedaría obsoleta y conoceríamos realmente la paz en la Tierra. En una horrible refutación de esa creencia, el siglo XX ha sido sin duda el más sangriento de la historia de la humanidad, con dos guerras mundiales e innumerables conflictos localizados. Incluso en el momento de escribir estas líneas, el conflicto hace estragos en Ucrania y en la Franja de Gaza, y en varios otros lugares, tal vez incluso aterradoramente cerca de los hogares de quienes leen estas palabras.

A la luz de toda esta violencia generada por el hombre, la promesa angélica de paz parece risible, insensata, imposible; de hecho, puede parecer incluso ofensiva, hasta que nos damos cuenta de que la paz que nos aseguran los ángeles es algo mucho más profundo y elevado que la simple ausencia de conflictos entre las naciones. Esta paz es incluso mayor y más significativa que las buenas relaciones personales con quienes nos rodean.

La paz que los ángeles prometieron con el nacimiento de Cristo es la paz entre Dios y el pueblo que Dios ama. Es la recreación, la reconstrucción, el restablecimiento de una relación rota por la caída de la humanidad. Es la habilitación, por la gracia, para vivir en unión con Dios, ya no apartados de él, ya no huyendo y escondiéndonos de él como hicieron Adán y Eva. Es el conocimiento de que ya no hay condenación para los que están en Cristo Jesús, la certeza de que en su asombroso amor, prodigado sobre nosotros, debemos ser llamados hijos de Dios. La absoluta seguridad de que nada que podamos afrontar, nada que podamos hacer, ningún lugar al que podamos ir podrá separarnos del amor de Dios que está en Cristo Jesús, nuestro Señor.

Esta paz no es simplemente la ausencia de conflicto. No es un tenue tratado firmado entre naciones o un partido de fútbol jugado entre trincheras enfrentadas. Es la paz con Dios: la cura de una herida que se remonta al Edén, la restauración de lo que una vez estuvo tan terriblemente roto. Esta paz está disponible en cualquier circunstancia en la que nos encontremos, incluso si estamos en medio de una zona de guerra. No nos la pueden robar, y no podemos ser excluidos de ella porque Cristo la ha ganado perfectamente para nosotros.

Preguntas para la reflexión o el debate

¿Habías oído hablar antes de la tregua de Navidad durante la Primera Guerra Mundial? ¿Qué opinas al respecto?

_____

_____

_____

_____

_____

_____

_____

_____

_____

Si la paz no es simplemente ausencia de conflicto, ¿qué es entonces?

_____

_____

_____

_____

_____

_____

_____

_____

_____

_____

A veces se llama «conflictivos» a quienes trabajan por la paz. ¿Es conflictivo trabajar activamente por la paz? ¿Por qué sí o por qué no?

_____

_____

_____

_____

_____

_____

_____

_____

_____

Oración

Escribe una oración sobre el tipo de pacificador que te gustaría ser.

_____

_____

_____

_____

_____

_____

_____

_____

_____

_____

Han visto mis ojos

Pasaje de las Escrituras

LUCAS 2:28–32

Simeón lo tomó [al bebé Jesus] en sus brazos y bendijo a Dios: «Según tu palabra, Soberano Señor, ya puedes despedir a tu siervo en paz. Porque han visto mis ojos tu salvación, que has preparado a la vista de todos los pueblos: luz que ilumina a las naciones y gloria de tu pueblo Israel».

Las personas de cierta generación que lean este devocional quizá no recuerden la Edad de Piedra, cuando los juegos electrónicos venían en algo llamado «casete». Si querías jugar a un juego, tenías que estar preparado para un largo trayecto, ¡porque cargarlo podía llevar hasta quince minutos! Hoy estamos acostumbrados a la gratificación instantánea. Nuestra comida, nuestro entretenimiento, incluso nuestros desplazamientos. Esperamos que todo suceda *ahora mismo*. No puedo ser el único que señale el punto de una cola contigua en el que habría estado si me hubiera unido a ella, en lugar de a la que elegí.

Pero las Escrituras animan al pueblo de Dios a mirar a largo plazo, recordándonos que lo que vemos y experimentamos, lo que sufrimos y soportamos, no siempre será así. Simeón llevaba mucho tiempo esperando. Vio cumplidas sus esperanzas y su espera en el niño Jesús, y también sabía que aún quedaba más por venir.

Las cosas no siempre estarán rotas. No siempre estarán estropeadas. No siempre tendremos que vivir en un lugar con piezas rotas y bordes afilados. Y no siempre viviremos en un mundo donde la paz sea rara, breve y difícil de conseguir. Se acerca un día en el que la paz de Dios inundará toda la creación, en el que todo lo que existe estará saturado de una paz cósmica perfecta. Será paz con nosotros mismos, paz entre nosotros, paz con el orden creado y, lo más maravilloso de todo, paz con Dios.

El Salvador, que es el Príncipe de Paz, ha venido a este mundo. Simeón lo reconoció en el templo. Y también se acerca el día en que la paz que Cristo alcanzó con su victoria en la cruz expulsará y alejará todo lo que pudiera menoscabar y destruir. Así que vale la pena resistir. Vale la pena correr nuestra carrera con perseverancia, porque la paz que Cristo traerá un día lo vale todo.

La paz que el pueblo de Dios disfruta ahora, como Simeón (la paz que está disponible para todas las personas, en todas partes y en todo tiempo) es solo un depósito y un anticipo de lo que está por venir. Una paz mayor, más profunda y eterna está en camino.

Preguntas para la reflexión o el debate

¿Alguna vez has conseguido algo que habías esperado mucho tiempo? ¿Qué sentiste cuando lo conseguiste?

¿Qué significa «tener una visión a largo plazo» y aceptar que el mundo actual no es como será siempre?

_____

_____

_____

_____

_____

_____

_____

_____

_____

_____

_____

¿La idea de tener una visión a largo plazo te da esperanza o desesperación? ¿Fomenta la paz en tu interior o te produce ansiedad?

_____

_____

_____

_____

_____

_____

_____

_____

_____

_____

Oración

Escribe una oración explicando a Dios cómo te sientes respecto a la espera.

_____

_____

_____

_____

_____

_____

_____

_____

_____

_____

_____

_____

_____

_____

_____

_____

_____

_____

_____

_____

_____

_____

Contaron lo que les habían dicho

Pasaje de las Escrituras

LUCAS 2:15-20

Cuando los ángeles se fueron al cielo, los pastores se dijeron unos a otros: «Vamos a Belén, a ver esto que ha pasado y que el Señor nos ha dado a conocer».

Así que fueron de prisa y encontraron a María, a José y al niño que estaba acostado en el pesebre. Cuando vieron al niño, contaron lo que les habían dicho acerca de él y cuantos lo oyeron se asombraron de lo que los pastores decían. María, por su parte, guardaba todas estas cosas en su corazón y meditaba acerca de ellas. Los pastores regresaron glorificando y alabando a Dios por lo que habían visto y oído, pues todo sucedió tal como se les había dicho.

Vivimos en la era de los *spoilers*. En caso de que no estés familiarizado con el término, es cuando alguien revela un punto importante de la trama de una película, libro o programa de televisión, arruinando la experiencia para los demás. Hace algunos años, tras el lanzamiento de una novela muy esperada, varios individuos leyeron sus seiscientas páginas durante la noche simplemente para poder colgar un enorme cartel desde un puente que daba a una autopista muy transitada, en un intento de estropear el final a los automovilistas desprevenidos. Teológicamente hablando, las personas que hacen esto son *las peores*. No clasificamos los pecados por su grado de atrocidad, ¡pero si lo hiciéramos!

Aun así, no todos los *spoilers* son malos. De hecho, algunos *spoilers* deben ser aceptados y alentados porque algunas verdades que cambian el mundo y salvan vidas son tan poderosas, tan maravillosas, tan revolucionarias que por esto simplemente *deben* ser compartidas, tienen que ser difundidas lo más amplia y rápidamente posible. Son verdades mucho más poderosas y maravillosas que el final de una película o una novela. Son verdades tan eternamente significativas que el mundo entero necesita verlas, oírlas y experimentarlas.

Así ocurrió con el mensaje de paz que llevaban los pastores. Cuando se encontraron con el niño Jesús, el evangelista Lucas nos dice que «contaron lo que les habían dicho acerca de él». Y, al partir, lo hicieron «glorificando y alabando a Dios por lo que habían visto y oído».

Alerta de spoiler: ¡todo ha cambiado! Ha amanecido un nuevo día, ha surgido una nueva esperanza, ¡ahora es posible una nueva paz!

Alerta de spoiler: ¡la revolución ha comenzado en un pesebre de Belén! El mundo entero ha cambiado de la noche a la mañana, ¡y nada volverá a ser igual!

Era un mensaje demasiado importante para que los pastores lo guardaran para sí mismos. Se sintieron obligados a compartirlo con cualquiera que quisiera escuchar y con todos los que encontraban. Estos sencillos pastores fueron los primeros embajadores del evangelio: «¡El Mesías ha venido, el reino de Dios se ha acercado, el cielo ha bajado, ha tocado la tierra y ha traído la paz!».

Nosotros somos herederos de ese mensaje y de esa misión. Nuestro mundo está desesperado por paz. Reyes y emperadores, generales y primeros ministros han prometido alguna variante de paz en nuestro tiempo, y este mundo roto los ha convertido a todos en mentirosos. Pero el pueblo de Dios es embajador de una paz que sobrepasa el entendimiento, una paz que trasciende las fronteras y los límites, una paz que no se gana con el cañón de un fusil o la punta de una bayoneta, sino que se consigue a través de quién es Cristo y de lo que ha hecho.

Este es un mensaje que no podemos permitirnos guardar para nosotros mismos. Así que, por la gracia de Dios y con la ayuda de Dios, que cada uno de nosotros y todos nosotros sigamos los pasos de los pastores misioneros y difundamos lo que hemos visto, oído y experimentado por nosotros mismos.

Preguntas para la reflexión o el debate

¿Cómo es difundir la palabra del evangelio de Cristo hoy en un mundo en el que todos saben qué es el cristianismo y todos tienen ya sus propias opiniones al respecto?

_____

_____

_____

_____

_____

_____

_____

_____

_____

_____

El autor dice: «Nuestro mundo está desesperado por paz». ¿Qué significa eso? Si el mundo está realmente desesperado por paz, ¿por qué no la tenemos?

_____

_____

_____

_____

_____

_____

_____

_____

_____

Oración

Escribe una oración pidiendo a Dios que te ayude a entender cómo
compartir la paz de Cristo de una manera que sea significativa y útil
para los que te rodean.

_____

_____

_____

_____

_____

_____

_____

_____

_____

_____

_____

_____

_____

_____

_____

_____

_____

_____

_____

_____

_____

Tercer domingo de Adviento

Gozo

14 DE DICIEMBRE DE 2025

Pasaje de las Escrituras

MATEO 1:18-19

El nacimiento de Jesucristo fue así: Su madre, María, estaba comprometida para casarse con José; pero, antes de unirse a él, resultó que estaba embarazada por el poder del Espíritu Santo. Como José, su esposo, era un hombre justo y no quería exponerla a vergüenza pública, decidió romper en secreto el compromiso.

Los niños suelen ser maestros maravillosos, sobre todo cuando reciben regalos. La mayoría de los adultos han aprendido a expresar su agradecimiento y aprecio incluso por los regalos más cotidianos y decepcionantes:

«¡Calcetines! ¿Cómo lo sabías?».

«¡Qué suéter tan inusual, muchas gracias!».

«Madre mía, qué sabor tan interesante tiene este pastel, ¡gracias por cocinarlo tú mismo!».

Los niños, en cambio, a menudo no han aprendido la etiqueta formal y a veces son brutalmente francos en su valoración de estos regalos. Si están descontentos o desinteresados, no dudan en expresar sus verdaderos sentimientos.

Sin embargo, ¿cuántas veces las cosas más inesperadas dan lugar a las mayores alegrías? ¿Con qué frecuencia las cosas más insólitas, aparentemente sin interés, traen el gozo más puro y desmesurado a nuestros corazones? Hay una razón por la que los clichés se convierten en clichés: porque, la mayoría de las veces, son acertados. Todos hemos visto (¡o fuimos!) el niño que juega con la caja más que con los juguetes que contenía.

José no podía esperar mucho gozo. Mateo presenta esta noticia que sacude la tierra y cambia la realidad en términos crudos: «... antes de unirse a él, resultó que estaba embarazada...». No hay dramatismo, ni rastro de la angustia, la decepción o la rabia que José debió de sentir ante la noticia de esta aparente traición. El gozo debe haber estado lejos de su mente y lejos de su corazón.

El hecho es que, cuando miramos la primera Navidad sin la fachada de las tarjetas de felicitación y los pesebres, es un desastre. ¡Pero Dios la redimió! De aquel desorden sacó vida, luz, esperanza... sacó lo que muchos de nosotros recordamos haber cantado alguna vez: «gozo inefable y tan glorioso».

Muchos de nosotros tenemos vidas desordenadas. Muchos de nosotros tendremos incluso una Navidad desordenada. Pero sabemos, como seguramente descubrió José, que Dios puede tejer ese desorden en un tapiz de belleza sobrecogedora. Puede redimir ese desorden y utilizarlo para darnos un gozo indescriptible.

Nuestro desastre no es el final. Dios puede tomarlo y utilizarlo para llevarnos a un lugar que parece imposible e inalcanzable: un lugar de gozo auténtico y profundo.

Preguntas para la reflexión o el debate

¿Hay algo inesperado en tu vida que te haya llevado a un gozo profundo?

_____

_____

_____

_____

_____

_____

_____

Reconocer, nombrar y *sentir* nuestras emociones crudas es una parte importante de la inteligencia emocional sana y madura en la vida de un adulto. Cuando nos ocurren cosas malas, especialmente cuando nos sorprenden, *después* de habernos permitido sentir emociones negativas por la situación, ¿cómo podemos darnos la vuelta y considerar que puede venir el gozo sin negar, descartar o ignorar nuestras emociones negativas válidas?

_____

_____

_____

_____

_____

_____

_____

_____

_____

Oración

Escribe una oración pidiendo a Dios que te ayude a aprender a retener el gozo en medio de la tensión con tus propias emociones negativas.

_____

_____

_____

_____

_____

_____

_____

_____

_____

Dios con nosotros

Pasaje de las Escrituras

MATEO 1:22–23

Todo esto sucedió para que se cumpliera lo que el Señor había dicho por medio del profeta: «La virgen concebirá y dará a luz un hijo y lo llamarán Emanuel» (que significa «Dios con nosotros»).

Cuando nuestra familia se mudó de casa, tuvimos que repetir el proyecto de construcción más difícil de toda mi vida: la cama de nuestro hijo. Esta monstruosidad me había dejado exhausto, dolorido y frustrado la primera vez que la construimos, y ahora teníamos que volver a hacerlo. A pesar de las ofertas de ayuda de nuestra nueva familia de la iglesia, insistí en que podíamos hacerlo nosotros mismos. Estaba dolorosa, peligrosa y vergonzosamente *equivocado*.

Los seres humanos estamos hechos para la comunidad; estamos hechos para estar juntos. De hecho, lo primero que la Biblia declara que «no es bueno» es estar solo, tratar de superar la vida por nosotros mismos. Estamos hechos para las relaciones, tanto con otros seres humanos como con Dios. Sin embargo, cuando la humanidad cayó en el jardín del Edén, esa relación perfecta con Dios se rompió casi irrevocablemente. *Casi.*

Jesucristo es *Emanuel*: «Dios con nosotros». Es Dios viviendo en nuestra carne y caminando con nuestros zapatos; es Dios enfrentándose a un mundo muy mal herido; es Dios mudándose a nuestro barrio y haciendo su morada entre nosotros. Dios en Cristo está literalmente moviendo cielo y tierra para restaurar esa relación perfecta e íntima. Su corazón nunca ha sido distancia, sino siempre intimidad; nunca ha sido separación, sino siempre unión.

Podemos ver este propósito alcanzando su perfecto cumplimiento y culminación en Apocalipsis 21:3: «Oí una potente voz que provenía del trono y decía: «¡Aquí, entre los seres humanos, está el santuario de Dios! Él habitará en medio de ellos y ellos serán su pueblo; Dios mismo estará con ellos y será su Dios». Y todo es el resultado de lo que llamamos la encarnación: Dios haciéndose carne en Belén; Dios convirtiéndose en *Emanuel*.

A través de este milagro de la gracia, la familia humana puede conocer de nuevo el gozo de estar en relación con Dios; el gozo de ser suyos y saber que él es nuestro; el gozo de tener a Dios con nosotros, dondequiera que estemos y afrontemos lo que afrontemos. Esto es algo con lo que soñaron y profetizaron profetas, sacerdotes y reyes durante milenios. Es algo que nuestros antepasados espirituales del Antiguo Testamento anhelaban y a lo que apuntaban, y es algo que se cumple perfectamente en Cristo.

Cuando afrontamos los problemas y las tormentas de la vida, que sin dudas lo haremos, podemos saber que Cristo es *Emanuel*; él está con nosotros. Cuando nos enfrentamos a decisiones y personas difíciles; él está con nosotros. Las alegrías son más dulces porque él es *Emanuel*, las penas se pueden sobrellevar porque él es *Emanuel*, la soledad se alivia porque él está con nosotros, las cargas se pueden soportar porque él está con nosotros.

No se trata de nuestro buen comportamiento ni de nuestros esfuerzos más arduos, se trata simplemente de quién es él. Dios se hizo *Emanuel* en su asombrosa gracia y extravagante amor, permanece con su pueblo y para su pueblo exactamente por la misma razón. No se trata de *nuestra*, capacidad de ser amados se trata de que *él* es amor. Incluso cuando no lo merecemos y aunque no nos lo hayamos ganado, él sigue siendo *Emanuel*, sigue estando con nosotros. Él sigue siendo la realidad más básica y fundamental de la vida para el pueblo de Dios.

Y esa es la razón del gozo.

Preguntas para la reflexión o el debate

¿Qué significa para ti que Dios se haya hecho hombre por nosotros?

_____

_____

_____

_____

_____

_____

_____

_____

_____

¿Por qué crees que Dios permite que el mundo siga como está? ¿Por qué no lo arregla todo ahora?

_____

_____

_____

_____

_____

_____

_____

_____

_____

_____

Oración

Escribe una oración pidiendo la seguridad de la cercanía de Dios cuando tu capacidad de experimentar gozo se sienta amenazada.

_____

_____

_____

_____

_____

_____

_____

_____

_____

_____

_____

_____

_____

_____

_____

_____

_____

_____

_____

_____

Él salvará a su pueblo

Pasaje de las Escrituras

MATEO 1:21

*Dará a luz un hijo y le pondrás por nombre Jesús,
porque él salvará a su pueblo de sus pecados.*

A estas alturas del Adviento, las expectativas alcanzan un punto explosivo en muchos hogares. La emoción crece a medida que algunos miembros de la familia miran el calendario con una intensidad febril. ¡No vemos la hora de que llegue la Navidad! La espera parece haber durado una eternidad: hemos tenido que hacer acopio de una paciencia sobrehumana mientras los días iban a paso de tortuga.

El pueblo de Dios en las Escrituras podría identificarse. A medida que el año se transformaba en década y en siglo, el Mesías *todavía* no había llegado. Ese héroe que lo cambiaría todo, que lo enderezaría todo y lo arreglaría todo, esa figura profetizada y esperada literalmente desde momentos después de la caída en el Edén, aún no había llegado.

Las expectativas eran variadas. Algunos esperaban un caudillo como David, un conquistador que expulsara a los romanos y devolviera a Israel su lugar de gloria. Otros imaginaban un rey-sacerdote o un guardián de la ley mosaica, alguien que cumpliera a la perfección todos los requisitos legales de la justicia. Otros concebían una figura misteriosa surgida de la nada o un heraldo del fin de todas las cosas.

En realidad, cuando vino el Mesías, no se parecía a nada de lo que la mayoría de la gente esperaba, pero era todo lo que todos necesitaban. No vino a hacer algo tan trivial como asegurar una conquista militar, no vino con fuego y azufre, no ocupó el trono de Jerusalén ni marcó el comienzo de la reforma religiosa; una verdad que vale la pena recordar en una época en la que los cristianos se ven tentados a confiar en la legislación y en los legisladores para introducir el reino.

No, cuando finalmente vino el Mesías, vino a realizar lo que se necesitaba con mayor urgencia y desesperación. Vino a hacer el trabajo que nadie más podía hacer, pero que todos, en todas partes, necesitaban dolorosamente. Vino a ganar la única victoria que importaba y a derrotar al único enemigo que cuenta.

Jesús vino a salvar a su pueblo de sus pecados.

Fíjense, no solo vino a salvarnos cuando estábamos *en* nuestros pecados, no nos salvó para que volviéramos *a* nuestros pecados o para que siguiéramos *en* nuestros pecados. No, él vino a hacer una obra tan completa, tan perfecta, tan definitiva, que aquellos que confían en él y caminan con él a lo largo del camino pueden ser salvos, total y completamente, *de* sus pecados. Para que podamos ser salvos del poder y el dominio del pecado aquí y ahora, y ya no vivamos como esclavos, como advierte Cristo en Juan 8:34, sino que podamos ser verdadera y plenamente *libres*.

El nombre «Jesús» proviene de la misma raíz hebrea que «Josué», lo que puede ayudarnos a comprender cuán completa es la victoria que ha ganado para nosotros. Como Josué, Cristo vino para conducir a su pueblo a la herencia que nos fue prometida hace tanto tiempo. Vino a triunfar plenamente sobre enemigos demasiado grandes y demasiado fuertes para nosotros. Vino para derribar muros y expulsar a los que querían destruirnos, y nos pide que elijamos nosotros mismos, hoy mismo, a quién queremos servir.

Cristo nos trae el gozo de una victoria que nunca podríamos alcanzar por nosotros mismos; el gozo de una libertad que nunca podríamos ganar por nosotros mismos; el gozo de ser salvos de una vez por todas de nuestros pecados.

Preguntas para la reflexión o el debate

¿Cómo ha actuado Jesús en tu vida en forma contraria a lo que esperabas de él?

_____

_____

_____

_____

_____

_____

_____

_____

_____

¿Cuál debería ser nuestra respuesta cuando Jesús actúa de un modo que no esperamos?

_____

_____

_____

_____

_____

_____

_____

_____

_____

Oración

Escribe una oración expresando tu confianza en que Jesús frustra las expectativas por el bien del evangelio.

_____

_____

_____

_____

_____

_____

_____

_____

_____

_____

_____

_____

_____

_____

_____

_____

_____

_____

_____

_____

_____

Mi espíritu se regocija

Pasaje de las Escrituras

LUCAS 1:46-49

Entonces dijo María: «Mi alma glorifica al Señor y mi espíritu se regocija en Dios mi Salvador, porque se ha dignado fijarse en su humilde sierva. Desde ahora me llamarán dichosa todas las generaciones, porque el Poderoso ha hecho grandes cosas por mí. ¡Santo es su nombre!».

Uno de mis programas de televisión favoritos es *The West Wing*. En un episodio, un personaje llamado Leo cuenta la historia de un hombre que se cayó en un pozo. Un médico pasó por allí y, cuando el hombre gritó pidiendo ayuda, el médico escribió una receta y la dejó caer en el pozo. El sacerdote del hombre pasó por allí, y cuando la víctima volvió a gritar pidiendo auxilio, el sacerdote escribió una oración y la dejó caer en el pozo. Pero cuando un amigo del hombre pasó por allí, ¡saltó al pozo!

El primero le dijo: «¿Qué haces? ¡Ahora estamos los dos metidos en este pozo!».

Y su amigo le contestó: «Ah, pero yo ya he estado aquí y conozco la salida».

A veces, lo mejor que podemos hacer por nuestros seres queridos es tenerlos presentes en su sufrimiento: meternos en el pozo con ellos. Saber que alguien está con nosotros, que alguien nos apoya, que alguien nos *ve*, puede marcar toda la diferencia del mundo. En unos versículos del libro de

Job, el profeta tuvo los mejores amigos del mundo, porque simplemente se sentaron con él en las ruinas de su vida sin decir una palabra. Las cosas solo salieron mal cuando empezaron a hablar.

El canto de María, conocido como el *Magnificat*, es un reconocimiento de que las cosas en el mundo no están bien. Los ricos son cada vez más ricos y los pobres cada vez más pobres, reina la corrupción y los abusos, las cosas se han roto, las cosas se han torcido, las cosas no son como deberían ser. Estamos en un pozo, y parece que estamos totalmente atrapados. Pero el *Magnificat* es, sin embargo, una expresión de alabanza y un canto de adoración porque Dios ha sido *consciente*. Dios es profundamente consciente y está íntimamente involucrado. Dios está presente en el dolor de su pueblo, está activo en su sufrimiento. Y su consciencia plena, su visión de nosotros, implica que cuando actúa, lo hace siempre a la perfección.

Dios en Cristo se arrojó al pozo junto a nosotros. Podemos oír ecos de Éxodo 3:7-8: «Pero el SEÑOR siguió diciendo: —Ciertamente he visto la opresión que sufre mi pueblo en Egipto. Los he escuchado quejarse de sus capataces y conozco bien sus penurias. Así que he descendido para librarlos [...]».

En tiempos de María, Dios era consciente de la ocupación romana. Dios era consciente del desprecio que sufría su pueblo. Dios era consciente de que su templo había sido despojado y su ley burlada. Dios era consciente de que las cosas estaban rotas. Pero más que eso, Dios era consciente de que los romanos eran el menor de los problemas a los que se enfrentaba la creación. El propio universo de Dios estaba torcido y estropeado, dañado y desviado. El pecado y la muerte, que nunca formaron parte de su diseño, eran un cáncer que lo envenenaba todo. Pero Dios era *consciente*. Y en su consciencia plena, Dios actuó. En su consciencia plena, Dios se movió. En su consciencia plena, Dios intervino para traer vida, libertad y gozo.

J. R. R. Tolkien describió el cristianismo como el cuento de hadas por excelencia, en parte porque tiene el mejor final feliz. En Cristo, el dramaturgo divino se metió en su obra para cambiar la historia, para traer un final más feliz que cualquier cosa que hubiéramos podido imaginar o traer por nuestra cuenta. Como Dios era consciente del sufrimiento de su pueblo en Egipto, era consciente de su sufrimiento bajo Roma. Así como Dios fue consciente del sufrimiento de toda la creación bajo el veneno del pecado, también es consciente de nuestro sufrimiento. Dios es consciente de *tu* sufrimiento.

Y en su conciencia plena, Dios ha actuado y actuará y está actuando ahora mismo. Y traerá gozo.

Preguntas para la reflexión o el debate

¿Qué opinas de la historia de los dos amigos en el pozo? ¿Es útil o no que ambos estén atrapados en el pozo? ¿Por qué sí o por qué no?

_____

_____

_____

_____

_____

_____

_____

_____

_____

_____

_____

_____

_____

_____

_____

_____

_____

¿Qué significa para ti pensar que Dios es «consciente» de ti y de tus circunstancias y, más ampliamente, de las circunstancias del mundo?

_____

_____

_____

_____

_____

_____

_____

_____

Oración

Escribe una oración agradeciéndole a Dios que te tenga en cuenta y pidiéndole que te ayude a tener en cuenta a los demás de la misma manera.

_____

_____

_____

_____

_____

_____

_____

_____

_____

_____

Gran gozo para todo el pueblo

Pasaje de las Escrituras

LUCAS 2:10-12 (RVR1960)

Pero el ángel les dijo: No temáis; porque he aquí os doy nuevas de gran gozo, que será para todo el pueblo: que os ha nacido hoy, en la ciudad de David, un Salvador, que es CRISTO el Señor. Esto os servirá de señal: Hallaréis al niño envuelto en pañales, acostado en un pesebre.

Para muchos de nosotros, la Navidad es una época de increíble felicidad. Es tiempo de familia, de regalos, de comida, es tiempo de luz en medio de la oscuridad, tiempo de celebración en medio del frío. Muchos, quizá incluso la mayoría, tenemos innumerables motivos para sentirnos felices en Navidad.

Pero esta felicidad no es universal. En esta Navidad, hay muchos otros cuyos pensamientos estarán dominados no por los que están sentados en torno a la mesa, sino por las sillas que están vacías: aquellos a los que hemos tenido que decir adiós y aquellos a los que nunca llegamos a conocer. Estarán aquellos cuyos árboles no están rodeados de regalos, aquellos que luchan por mantener la casa caliente durante las largas y oscuras noches. Algunos lucharán con su salud mental en estas fechas tan especiales o con la salud mental de sus seres queridos. Hay muchísimas razones por las que la gente puede no conocer la felicidad que se espera en torno a la Navidad. Por eso es tan importante que nos demos cuenta de que felicidad y gozo no son lo mismo.

La *felicidad* depende de los *acontecimientos*. Cuando la vida es buena, cuando nuestras circunstancias son favorables, cuando nuestras situaciones son positivas, conocemos la felicidad. Somos felices porque no nos enfrentamos a luchas o pruebas; somos felices porque el camino es parejo y los mares tranquilos. Pero cuando llegan las tormentas, cuando el camino es duro, cuando nos enfrentamos a los gigantes de la vida, es natural que perdamos esa sensación de felicidad.

Si nos sentimos solos esta Navidad, no tenemos por qué sentirnos raros por no estar eufóricos de felicidad. Si estamos de duelo por la pérdida de un ser querido, si nos enfrentamos a desafíos en nuestras finanzas o nuestra salud, si no estamos seguros de lo que nos deparará el nuevo año o si nos arrepentimos de las decisiones que hemos tomado a lo largo del año pasado, entonces es natural que esa felicidad esté ausente. Y no pasa nada, porque el gozo es mucho más rico que la simple felicidad.

El gozo surge de un manantial mucho más profundo que las situaciones y las circunstancias. El verdadero gozo tiene sus raíces en algo que está fuera de nosotros y más allá de los desafíos y las pruebas de la vida. El gozo que solo puede venir de nuestra vida en Dios y de su vida en nosotros, el gozo que se ofrece gratuitamente por todo lo que Cristo ha hecho y ha dado, está disponible para todos nosotros.

El ángel no proclamó un mensaje de felicidad ni prometió una vida más fácil. No aseguró a los pastores el fin de la opresión romana ni el respeto de sus vecinos. El ángel no les prometió que serían *felices*. El ángel les prometió *gozo*, y les aseguró que era para *todo* el pueblo, en todas partes y en todo momento. Les aseguró que este gozo profundamente arraigado y fundamental estaba siendo derramado generosamente desde el corazón de Dios y que todo se debía a que el niño había nacido en Belén. No tenía nada que ver con la felicidad o los acontecimientos. No era porque las cosas se estuvieran haciendo más fáciles o porque los pastores hubieran desarrollado una visión más positiva de la vida. Se debía a quién es Dios y a lo que Dios había hecho.

Nuestro gozo puede ser sólido como una roca esta Navidad, independientemente de dónde nos encontremos y de lo que tengamos que afrontar, no por las situaciones o las circunstancias, sino porque Cristo ha nacido en Belén y trae el gozo a su pueblo.

Preguntas para la reflexión o el debate

¿Cuál es la diferencia entre la felicidad y el gozo tal y como tú lo entiendes?

_____

_____

_____

_____

_____

_____

_____

_____

_____

¿Cuándo o cómo has encontrado gozo en situaciones que son, a todas luces, situaciones infelices?

_____

_____

_____

_____

_____

_____

_____

_____

Oración

Escribe una oración pidiéndole a Dios que te ayude a entender el gozo de una manera más profunda, y quizás incluso a ser un portador de gozo para otros durante circunstancias infelices.

_____

_____

_____

_____

_____

_____

_____

_____

_____

_____

_____

_____

_____

_____

_____

_____

_____

_____

_____

Tú has recibido el favor de Dios

Pasaje de las Escrituras

LUCAS 1:28

El ángel se acercó a ella y le dijo: —¡Te saludo, tú que has recibido el favor de Dios! El Señor está contigo.

Nunca ha habido nadie en toda la historia de la salvación, ni siquiera en sus momentos más bajos y viles, que no haya sido amado por Dios. El amor implacable, incesante y férreo de Dios alcanza a reinas y mendigos, tiranos y monstruos. El amor de Dios llena, inunda y satura cada centímetro de su creación. En resumen, no hay nada *especial* en ser amado por Dios. En cierto sentido, es lo más ordinario y común que se pueda imaginar: somos un árbol en un bosque inmensamente vasto al cual Dios *ama con locura*.

Sin embargo, a medida que envejezco, empiezo a preguntarme si, tal vez, Dios es capaz de amarnos *como si* fuéramos especiales. Tal vez su amor es tan perfecto, tal vez su gracia es tan asombrosa, tal vez su bondad es tan impresionante que es capaz de mirarnos a todos y cada uno de nosotros y llamarnos su amigo especial. Mi primer pastor solía decir: «No sé si Dios tiene favoritos, pero parece que me tiene un cariño especial». Dios es un Padre tan perfecto que no elige a quién ama ni a quién muestra su amor.

En Mateo 5:45 Jesús nos asegura que la bondad de Dios para con nosotros no depende de nuestra justicia: «Él hace que salga el sol sobre malos y buenos, y que llueva sobre justos e injustos». ¡Dios es bueno con todos! Tan bueno, que cada uno de nosotros debería sentirse el favorito de Dios, tan bueno que todos deberíamos sentir que el saludo de Gabriel a María va dirigido a nosotros: ¡hemos recibido el favor de Dios!

Puede que Dios no tenga favoritos, pero en su sabiduría y bondad, es capaz de tratarnos a cada uno de nosotros como si fuéramos su amigo especial. Y esto es sin duda motivo de gozo constante e indescriptible. Sin duda, hemos recibido el favor de Dios.

Preguntas para la reflexión o el debate

Si Dios no tiene favoritos, ¿qué significa para nosotros haber recibido el favor de Dios?

_____

_____

_____

_____

_____

_____

_____

_____

_____

Si Dios no tiene favoritos, ¿por qué se le dijo a María que había recibido el favor de Dios?

_____

_____

_____

_____

_____

_____

_____

_____

_____

Oración

Escribe una oración expresando tu gratitud por el amor que Dios te tiene.

_____

_____

_____

_____

_____

_____

_____

_____

_____

_____

_____

_____

_____

_____

_____

_____

_____

_____

_____

_____

_____

_____

Tal como había prometido

Pasaje de las Escrituras

LUCAS 1:51–55

Hizo proezas con su brazo; desbarató las intrigas de los soberbios. De sus tronos derrocó a los poderosos, mientras que ha exaltado a los humildes. A los hambrientos los colmó de bienes y a los ricos los despidió con las manos vacías. Acudió en ayuda de su siervo Israel mostrando su misericordia a Abraham y sus descendientes para siempre, tal como había prometido a nuestros antepasados.

Hora de confesar. Hay en mí una vena mezquina de la que no estoy orgulloso. Cuando veo a un conductor muy agresivo en la carretera, que entra y sale de los carriles, que conduce tan cerca del auto de adelante que parece querer subirse al asiento de atrás, estoy pendiente de él en el próximo atasco que nos encontramos. Y me genera una gran alegría cuando me doy cuenta de que toda su agresividad, toda su conducción peligrosa, todo su egoísmo no le ha hecho ganar absolutamente *nada*. Es mezquino, lo sé. Pero también es inmensamente satisfactorio.

Señor Jesucristo, ten piedad de mí, pecador.

Pero creo que esta tendencia en mí da testimonio de algo profundo en todos nosotros que se rebela contra la injusticia. Hay algo arraigado en el corazón humano que se molesta con la injusticia, clama contra ella, se resiste y busca rectificarla, ya sea algo tan insignificante como alguien que conduce de forma agresiva o algo mucho más profundo, mucho más serio, mucho más real.

Sabemos que la injusticia no es natural. El mundo no debe ser así. Sabemos instintivamente que va contra la corriente del universo, que no está en consonancia con el modo en que la creación debe funcionar. En todo el mundo, personas de todos los credos y las ateas se movilizan para combatir la injusticia en todas sus formas. Ya sea que se trate de pobreza o analfabetismo, trata de personas o adicción, abuso físico o de sustancias, personas de todo el mundo se organizan para acabar, prevenir y corregir cada uno de esos males. Solo en el Reino Unido hay más de 168.000 organizaciones benéficas registradas, porque, conozcamos a Dios o no, formemos parte de su Iglesia o no, su gracia ya está actuando en nosotros, enseñándonos el simple hecho de que la injusticia es antinatural y hay que oponerse a ella.

El *Magníficat* de María nos recuerda que el reino venidero de Dios es un reino de justicia perfecta y universal. Los que se elevan por encima de los demás serán humillados, y los oprimidos y pisoteados serán levantados. Los que se han enriquecido a costa de los demás verán sus almacenes vacíos, mientras que los que se las han arreglado a duras penas verán sus copas rebosar. Los heridos serán sanados, los solitarios serán acogidos en familias, los hambrientos serán alimentados, y por fin se hará una justicia perfecta, cósmica y eterna.

Ese día se acerca, y la encarnación significa que ya pueden verse los primeros rayos del alba. El reino llegará en todo su esplendor al final de los tiempos, y sus semillas ya están dando fruto en el mundo de hoy. Pueden verse en cualquier lugar donde el pueblo de Dios siga el mandato del Señor a través del profeta Miqueas de «Practicar la justicia, amar la misericordia y caminar humildemente ante tu Dios» (Miqueas 6:8). Estas semillas pueden verse cuando ponemos en práctica las palabras del pastor alemán y mártir Dietrich Bonhoeffer y «ponemos un palo en la misma rueda [de la injusticia]».

Ya sea que se trate de cuestiones de raza, educación, desigualdad, sexualidad o de cualquiera de las innumerables formas en que la injusticia asoma su vil cabeza, el pueblo de Dios está llamado y tiene el mandato de estar en la vanguardia de la lucha contra ella.

Y podemos sentir un gozo profundo en el alma por el hecho de que se acerca un día de justicia perfecta y universal para todos. Como dijo el Dr. Martin Luther King Jr., el arco del universo moral es largo, pero se inclina hacia la justicia.

Preguntas para la reflexión o el debate

¿Conoces la cita del Dr. King sobre la justicia? ¿Qué piensas al respecto?

_____

_____

_____

_____

_____

_____

¿Cuál debería ser la respuesta de los cristianos ante las grandes injusticias del mundo?

_____

_____

_____

_____

_____

_____

_____

_____

_____

A veces, a los cristianos les gusta decirse unos a otros que mantengan su política al margen de su fe. Sin embargo, el *Magnificat* de María es bastante político. ¿Cuál debe ser el papel de la política en la fe?

_____

_____

_____

_____

_____

_____

_____

_____

_____

Oración

Escribe una oración sobre la injusticia.

_____

_____

_____

_____

_____

_____

_____

_____

_____

_____

Cuarto domingo de Adviento

Amor

21 DE DICIEMBRE DE 2025

Pasaje de las Escrituras

Y el Verbo se hizo hombre y habitó entre nosotros. Y contemplamos su gloria, la gloria que corresponde al Hijo único del Padre, lleno de gracia y de verdad.

La Biblia es muchas cosas. Es la historia de una pareja que se convirtió en una familia que se convirtió en una nación que dio origen a un movimiento que transformaría el mundo. Es un libro sobre personas imperfectas y frágiles que fracasan y caen, que tropiezan de tal manera que parece que no hay salida ni vuelta atrás y que, sin embargo, son utilizadas por un Dios que siempre es más grande que nuestros mayores fracasos. Es un libro que nos enseña quién es Dios y cómo es Dios y, por tanto, quiénes somos nosotros y cómo han de ser nuestras vidas. Es un libro que nos muestra el camino de la luz y la vida, y nos enseña a rechazar y renunciar al camino de las tinieblas y la muerte.

La Biblia es mucho, pero en el fondo, por encima de todo, antes y después de todo, es un libro sobre las relaciones. Es la historia de un Rey que ama desesperadamente a su pueblo, un Padre que anhela la intimidad con sus hijos y que actúa de manera concluyente y decisiva con un costo inconmensurable para sí mismo para restaurar esa intimidad y renovar esa relación.

La asombrosa verdad en el corazón de las Sagradas Escrituras es que Dios nos *quiere*. Está dispuesto a mover cielo y tierra para estar cerca de nosotros. Está dispuesto a abandonar el trono del cielo, dejando a un lado con gusto las vestiduras de majestad, honor y gloria, todo para poder convertirse en *Emanuel*: Dios con nosotros.

Dios no nos necesita para completarse. Se realiza perfectamente sin nosotros. Desde antes del principio de los tiempos, Dios existía en la comunidad amorosa de la Santísima Trinidad. No nos necesita para satisfacerse, pero nos ama tanto que nos invita a su comunión ya perfecta. Nos atrae a esa danza trinitaria del Padre, el Hijo y el Espíritu Santo. Nos ofrece un sitio en la mesa y nos invita a sentarnos y a darnos un festín.

Es increíble que Dios *quiera* estar con nosotros. Cuando aún éramos sin atractivo alguno, indiferentes e indignos de ser amados, puso su corazón y su mente en nosotros. Se acercó a nosotros para que nosotros pudiéramos acercarnos a él.

Una vez pregunté a un miembro de nuestra iglesia: «¿Has pensado alguna vez en la sencilla verdad de que a Dios le gusta tu compañía? ¿Que quiere pasar tiempo de calidad contigo? ¿Que no es una tarea, una carga o una obligación, sino que se deleita en ello?».

Así es como siempre debió ser. Antes de la caída de la humanidad, el Señor Dios bajaba y caminaba con Adán y Eva y hablaba con ellos. Compartía de su esencia con ellos y les permitía compartir de ellos mismos con él. A pesar de que su conocimiento era perfecto y su poder completo, permitió que estos seres tan limitados disfrutaran de una relación con él.

Y toda la historia de la salvación ha consistido en restaurar esa relación dañada, recrear esa intimidad perdida, renovar esa comunión rota.

Dios no nos necesita, pero nos quiere tan desesperadamente que siempre toma la iniciativa, siempre da el primer paso, siempre dice la primera palabra. Nos ama de una manera tan grande, tan asombrosa, tan imposible, que se hizo humano y *decidió morar entre nosotros*. O, como dice Eugene Peterson en su traducción de Juan 1:14: «Dios se mudó al barrio por amor a nosotros».

Preguntas para la reflexión o el debate

¿Estás de acuerdo o en desacuerdo con la idea de que la Biblia es, en última instancia, una historia sobre las relaciones? ¿Por qué sí o por qué no?

Si Dios no nos necesita, y si tendemos a estropear los planes de Dios por el mero hecho de ser nosotros mismos, ¿por qué crees que Dios elige relacionarse con nosotros?

_____

_____

_____

_____

_____

_____

_____

Oración

Escribe una oración sobre el aspecto relacional del carácter de Dios.

_____

_____

_____

_____

_____

_____

_____

_____

_____

_____

_____

_____

_____

Lo que el Señor le había mandado

Pasaje de las Escrituras

MATEO 1:24

Cuando José se despertó, hizo lo que el ángel del Señor le había mandado y recibió a María por esposa.

Puede que algunos recordemos el éxito de los 90, *Teardrop*, del grupo musical Massive Attack. Las primeras líneas decían: «Love, love is a verb, love is a doing word» (Amar, amar es un verbo, amor es una palabra que nos lleva a actuar).

Massive Attack se habría sorprendido, tal vez, al descubrir lo talentosos teólogos que eran porque, en cierto nivel, su letra es una manera perfecta de describir el amor bíblico. No es un concepto abstracto, no es un sentimiento, no es algo que va y viene con nuestro estado de ánimo. No, el amor bíblico es tan seguro y fuerte como la gravedad. En la Biblia, el amor es la primera y la última palabra en cada conversación entre Dios y su mundo creado. El amor es la fuerza motriz de la historia de la salvación, y siempre está activo, siempre se mueve, siempre actúa.

Cada vez que José aparece en el Evangelio de Mateo, demuestra perfectamente esta verdad. Toma tres decisiones importantes en los primeros capítulos. La primera es aquí, en el capítulo 1, cuando obedece el mandato de Dios y toma a María por esposa. Las dos siguientes están en el capítulo siguiente: lleva a su joven familia a Egipto para escapar de la masacre de Herodes y, más tarde, regresa a Israel y se instala en Nazaret. Ambas decisiones siguen el mismo patrón que el capítulo 1: el Señor se le apareció (a José) en sueños, él se despertó y obedeció.

El amor de José por Dios no era algo vago o abstracto. No era un concepto o una idea. Era sólido como una roca y estaba activo. La verdad es que nunca puede ser otra cosa, ni para él ni para nosotros. El amor auténtico siempre se traduce en acción. Al igual que José, nuestro amor por Dios y por el prójimo será siempre levantarnos y actuar, levantarnos y obrar, levantarnos y movernos.

La acción no nos salva, nuestra obediencia no nos hace ganar más favor de Dios, más bendiciones suyas. Nuestro servicio amoroso es siempre una *respuesta* a lo que Dios ya ha hecho y a lo que ya nos ha dado.

¿Qué acción nos inspira el amor a realizar en nuestras propias vidas? ¿Cómo nos impulsa nuestro amor a Dios y al prójimo a obrar, a movernos, a dar? Si nuestro amor no se expresa en acciones, si no inspira nuestras palabras y nuestras acciones, tenemos que preguntarnos: ¿cuán genuino es?

El pueblo de Dios ha recibido el llamado y el mandato de amarlo con todo el corazón, el alma, la mente y las fuerzas, y a amar al prójimo como a sí mismos. Este amor nunca estará contenido en una tarjeta de San Valentín. Siempre se expresará a través de nuestras manos y pies, nuestro tiempo y dinero, en nuestro trabajo y nuestra vida familiar. Siempre se expresará en quiénes somos y en lo que hacemos. Fluirá de nosotros al mundo que nos rodea cuando sigamos el ejemplo de José y nos levantemos y pongamos nuestro amor en acción.

Esta acción puede resultar costosa. *Actuar* en amor siempre es más difícil que *sentir* amor. Pero siempre vale la pena.

El amor de José lo llevó a ser un eslabón en la cadena de la historia de la salvación. Que nosotros, como él, nos levantemos y permitamos que nuestro amor se exprese en esas innumerables pequeñas formas que juntas cambiarán el mundo.

Con disculpas a Massive Attack, el amor no es *solo* una palabra que nos lleva a actuar, en términos gramaticales, es un nombre propio porque la forma más perfecta en que podemos entender el amor es que es una Persona. Su nombre es Jesús.

Preguntas para la reflexión o el debate

¿Qué significa que amar sea un verbo y no sentir/experimentar una emoción?

_____

_____

_____

_____

_____

_____

_____

_____

_____

¿De qué manera el amor te inspira a actuar tu vida?

_____

_____

_____

_____

_____

Oración

Escribe una oración pidiéndole a Dios que te ayude a comprender más profundamente el carácter del amor como *acción*.

_____

_____

_____

_____

_____

_____

_____

_____

_____

_____

_____

_____

_____

_____

_____

_____

_____

_____

_____

_____

_____

Burlado

Pasaje de las Escrituras

MATEO 2:1-2, 7, 12, 16

Después de que Jesús nació en Belén de Judea en tiempos del rey Herodes, llegaron a Jerusalén unos sabios procedentes del Oriente. —¿Dónde está el que ha nacido rey de los judíos? —preguntaron—. Vimos levantarse su estrella y hemos venido a adorarlo [...]. Luego Herodes llamó en secreto a los sabios y se enteró por ellos del tiempo exacto en que había aparecido la estrella [...]. Entonces, advertidos en sueños de que no volvieran a Herodes, regresaron a su tierra por otro camino [...]. Cuando Herodes se dio cuenta de que los sabios se habían burlado de él, se enfureció y mandó a matar a todos los niños menores de dos años en Belén y en sus alrededores, de acuerdo con el tiempo que había averiguado de los sabios.

Parte del propósito de incluir a los sabios en la historia de la encarnación es mostrar que el evangelio nunca, jamás, es excluyente. El pensamiento predominante decía que cuando viniera el Mesías, vendría como el salvador del pueblo *judío*, y que finalmente sería elevado al lugar que le correspondía por encima de todos los demás. Los sabios nos muestran que desde el comienzo mismo de la vida de Cristo en la tierra, su mensaje fue para *todas* las personas. Su amor es tan extravagante que no puede limitarse ni contenerse.

El amor de Dios siempre atrae, siempre invita, siempre abraza. Nos hace lugar en la mesa, sin importar quiénes hayamos sido, lo que hayamos hecho, sin importar cómo hayamos fallado o caído. Y si ese amor *nos* da la bienvenida, si *nos* abraza, ¿cómo podríamos pensar en excluir a alguien más? ¿Cómo podríamos pensar en negarle a alguien más la misma bienvenida que hemos recibido? ¿Cómo podemos pensar que tenemos el derecho de cerrarle la puerta en la cara a alguien cuando esa misma puerta se ha abierto de par en par para dejarnos entrar?

Todos conocemos a personas que no son fáciles de amar. Herodes no era fácil de amar. Considerado un tirano brutal por sus pares, su matanza de los niños en Belén fue muy típica de él. Asesinó a miembros de su propia familia, incluida su esposa, para asegurar su reinado, así que matar a niños campesinos que nunca había conocido no le habría molestado en lo más mínimo.

Herodes no tenía atractivo alguno; según cualquier medida razonable, era *indigno se der amado*. Sin embargo, Cristo vino también por causa de Herodes. Cristo vivió, murió, resucitó, ascendió al cielo y un día regresará para arreglar todas las cosas *para Herodes* y para todos los Herodes del mundo.

Dios ama a los que no tienen atractivo alguno y a los indignos de ser amados. Ama a quienes parecen hacer todo lo posible para escapar de su amor, para permanecer fuera de su amor, para hacerse inmunes a su amor.

Eso significa que hay esperanza para todos los Herodes en nuestras vidas, incluso si resulta que esos Herodes somos nosotros mismos. ¡Hay esperanza para todos nosotros! Todos carecemos de atractivo. A través de palabras o pensamientos, sentimientos o acciones, todos hemos demostrado nuestro amor inadecuado, mal dirigido y desordenado. Hemos vivido lo que Martín Lutero llamaría vidas que se inclinan a nosotros mismos. Sin embargo, seguimos siendo total y desesperadamente amados por Dios.

Nadie está fuera del alcance del amor de Dios. Nadie ha hecho demasiado ni ha ido demasiado lejos ni ha caído demasiado bajo. Siempre hay lugar en la historia de la salvación, porque siempre hay lugar en el corazón de Dios, para personas como yo, como tú y como Herodes. El amor de Dios es para todos nosotros y es para todos ellos, incluso nuestros enemigos, contrarios e irritantes.

Preguntas para la reflexión o el debate

Piensa en el adagio que dice que quienes más necesitan amor a menudo lo piden de las formas más indiferentes. ¿Qué nos hace capaces de amar a las personas que son indignas o difíciles de ser amadas? ¿Por qué intentarlo?

_____

_____

_____

_____

_____

_____

_____

_____

¿Cuándo has sido la persona que es indigna o difícil de ser amada (quizás incluso el Herodes) en la vida de otra persona?

_____

_____

_____

_____

_____

_____

_____

_____

Oración

Escribe una oración pidiéndole a Dios que te ayude a aprender a reconocer y ofrecer amor a quienes se consideran indignos de ser amados.

_____

_____

_____

_____

_____

_____

_____

_____

_____

_____

_____

_____

_____

_____

_____

_____

_____

_____

_____

_____

Entre tu simiente

Pasaje de las Escrituras

GÉNESIS 3:14-15

Dios el Señor dijo entonces a la serpiente: «Por causa de lo que has hecho, ¡maldita serás entre todos los animales, tanto domésticos como salvajes! Te arrastrarás sobre tu vientre y comerás polvo todos los días de tu vida. Pondré enemistad entre tú y la mujer, y entre tu simiente y la de ella; su simiente te aplastará la cabeza, pero tú le herirás el talón».

Todo parece completa y dolorosamente oscuro. Todo parece completa e irremediablemente roto. Adán y Eva cayeron en la mentira que todos los humanos después de ellos también han creído: que podemos ser el centro de nuestro propio universo, el capitán de nuestro propio destino, el amo de nuestra propia alma, que podemos ser plenos, estar completos y satisfechos por nosotros mismos, que podemos ser lo suficientemente grandes y fuertes como para sentarnos en el trono de nuestras propias vidas. Y, como siempre ha sido y no podría ser de otra manera, terminó en desastre para ellos.

El pecado entró en el mundo y, a través del pecado, la muerte. Todo estaba roto. Como personas que se están ahogando, Adán y Eva patalearon, desesperados por agarrar cualquier cosa que pudiera salvarlos, pero en lugar de salvarse, arrastraron a toda la creación con ellos.

En este momento de absoluta desesperación, las Escrituras nos dan la primera promesa de que un Salvador vendrá. Las cosas no siempre estarán rotas, el pecado no tendrá la última palabra, la muerte no prevalecerá. Esta es la primera garantía de que Dios no se ha rendido, no se ha alejado, no nos ha dado la espalda y, de hecho, nunca lo hará. Dios perseguirá a sus hijos descarriados sin descanso.

Esta promesa, dada momentos después de que la creación se rompiera, nos asegura que la ruptura es temporal. El pecado es una intrusión extraña en el mundo de Dios. Se ha observado correctamente que la belleza es más original que el pecado. *No ha sido* así siempre, y *no será* siempre así.

La larga noche de llanto, de dolor, de pérdida, de separación de Dios y de los demás, no es algo que dure para siempre. Llegará un día en que el que ha colaborado a que todo sea destruido será él mismo destruido. El enemigo de nuestra alma recibirá un golpe aplastante del que no habrá recuperación.

Y la espera es *dura*. De eso se trata en parte esta época de Adviento: de aprender a esperar bien y a anticipar con ansias el amanecer de ese día, cuando el reino de Dios venga en toda su plenitud y todo lo que ha estado tan oscuro se ilumine con una luz de un brillo inimaginable.

Todo el pueblo de Dios se encuentra en lo que el Dr. Seuss llamó «el lugar de la espera», y para algunos es más difícil que para otros. Para algunos, los bordes rotos de un mundo caído parecen más afilados de lo habitual y pueden herir profundamente.

Pero no siempre será así. Algún día, el sol se pondrá por última vez y derramaremos nuestras últimas lágrimas. Algún día, la muerte cobrará su última víctima y todo lo que está torcido se enderezará y todo lo que está roto será reparado.

La espera puede ser larga, pero vale la pena. Como cualquier niño en Nochebuena puede decirnos, el gozo de la mañana hace que valga la pena la larga espera.

Preguntas para la reflexión o el debate

El pasaje de hoy suena bastante deprimente e incluso contiene una palabra de «maldición», pero el autor dice que contiene una promesa. ¿Cuál es la promesa contenida en Génesis 3:14-15?

_____

_____

_____

_____

_____

_____

_____

_____

¿Qué es lo más difícil para ti de la espera?

_____

_____

_____

_____

_____

_____

_____

_____

Oración

Escribe una oración sobre la espera.

_____

_____

_____

_____

_____

_____

_____

_____

_____

_____

_____

_____

_____

_____

_____

_____

_____

_____

_____

_____

_____

_____

Día de Navidad
2025

¡Ven, Señor Jesús!

Pasaje de las Escrituras

El que da testimonio de estas cosas dice: «Sí, vengo pronto». Amén.
¡Ven, Señor Jesús! Que la gracia del Señor Jesús sea con todos. Amén.

A menudo se ha observado que los cristianos viven en la tensión del «ahora» y el «todavía no».

La muerte ha sido devorada por la victoria, pero por ahora seguimos viviendo en un mundo roto.

Dios ha vencido, está venciendo y vencerá, pero por ahora todavía soportamos los bordes afilados y los pedazos rotos de un mundo que simplemente no funciona bien.

¡Hoy celebramos el hecho de que Cristo ha venido! Como nuestros amigos del oriente se recuerdan entre sí cuando celebran el día de Navidad: «¡Cristo ha nacido, a él sea la gloria!».

Sin embargo, todavía vivimos expectantes del día cuando él regresará en triunfo absoluto e innegable.

El día de Navidad es un día maravilloso de celebración, de gozo, de amor y de vida. Pero podemos vivir con la confianza segura y cierta de que es solo un anticipo de lo que le espera al pueblo de Dios.

Como dijo C. S. Lewis, cuando comparamos el día de Navidad con ese día, es solo «el aroma de una flor que no hemos encontrado, el eco de una melodía que no hemos escuchado, noticias de un país que nunca hemos visitado».

Esa realidad también trae una esperanza incomparable a aquellos para quienes el día de Navidad puede estar teñido de tristeza, de dolor, de pena, porque estamos avanzando hacia un día en el que cada lágrima será enjugada por las manos de Dios mismo, cuando cada herida será completa y perfectamente sanada; cuando todo lo triste, roto y estropeado será finalmente restaurado y redimido, de una vez por todas.

Donde sea que este día nos encuentre, recordemos que es solo las primicias de lo que está por venir.

¡Cristo ha nacido, a él sea la gloria!

Amén. ¡Ven, Señor Jesús!

Notas

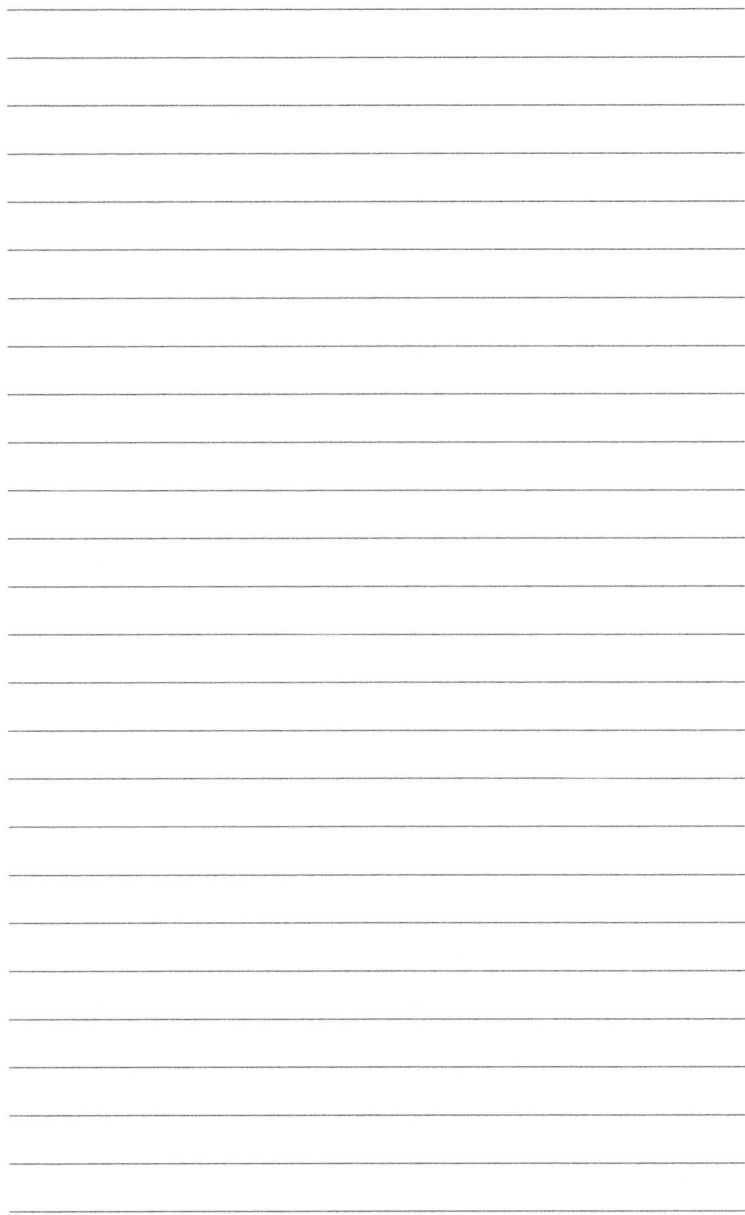

www.ingramcontent.com/pod-product-compliance
Lightning Source LLC
LaVergne TN
LVHW051603080426
835510LV00020B/3106